Meisterwerke
des Kölner Domes
5

hrsg. von
Barbara Schock-Werner
und
Rolf Lauer

Blick in das Strebewerk
und auf die Dachgalerie der
südlichen Langhausseite

Klaus Hardering

Jenseits der Gewölbe

K. Hardering
20.Dez.2005

Ein Führer

über die Dächer des

Kölner Domes

Verlag Kölner Dom 2005

Inhalt

Abb. 1

Abb. 2

Abb. 1

Grabmal des Kölner Erzbischofs Konrad von Hochstaden mit Figuren der bei der feierlichen Grundsteinlegung am 15. August 1248 anwesenden Repräsentanten des Reiches (Kardinal Pietro Cappoccio,

Bischof Heinrich von Lüttich, Graf Dietrich von Kleve, König Wilhelm von Holland, Herzog Heinrich von Brabant, Graf Adolph IV. von Berg und Albertus Magnus), Christian Mohr 1845.

Abb. 2

Feier der Grundsteinlegung zum Weiterbau am 4. September 1842, Lithographie nach Georg Osterwald, 1842. Auf dem Ausleger des mittelalterlichen Baukranes der preußische Adler.

Einleitung

Daß es hinter dem Horizont weitergeht, ist eine Erkenntnis, die sich seit den Tagen Galileo Galileis allmählich durchgesetzt hat. Daß es sich mit den Gewölben des Kölner Domes ähnlich verhalten könnte, ist ein Gedanke, der die Vorstellungskraft der meisten Dombesucher übersteigt.

Doch jenseits der Gewölbe entfaltet sich eine ganz eigene Welt, dem Himmel näher und dennoch dem sakralen Charakter des Dominneren enthoben. Hier beginnt sich die Architektur in einer unüberschaubaren Vielzahl von filigranen Türmchen, Kreuzblumen und vergoldeten Spitzen endgültig aufzulösen. Vor den Unbilden der Natur schützt die majestätischen Gewölbe ein gewaltiger, bleigedeckter Dachstuhl, der, in der Mitte des 19. Jahrhunderts von konservativen Kräften noch als »constructive Lüge« empfunden, heute als eine der bedeutendsten Stahlkonstruktionen vor dem Bau des Pariser Eiffelturmes gilt.

Über 600 Jahre hatte es allerdings gedauert, bis die Höhe des Dachansatzes in Lang- und Querhaus des Domes überhaupt erreicht war, und es sollten noch zwei weitere Jahrzehnte vergehen, bis 1880 schließlich auch die beiden westlichen Türme vollendet waren.

Einem Mann jedoch wird der vollendete Dom, wenngleich auch ohne Stahl und Eisen, bereits vor über 750 Jahren deutlich vor Augen gestanden haben: Meister Gerhard, dem ersten Dombaumeister von Köln und genialen Schöpfer des Bauplanes für die gotische Kölner Kathedrale.

Die zeitliche Dimension seines ehrgeizigen Projektes dürfte allerdings auch für Meister Gerhard nicht überschaubar gewesen sein, als der Kölner Erzbischof Konrad von Hochstaden am 15. August 1248 in Anwesenheit einer illustren Gesellschaft aus rheinischen Adeligen und hochrangigen geistlichen Würdenträgern, die noch heute das Grabmal Konrads umstehen *Abb. 1,* feierlich den Grundstein zum gotischen Neubau des Domes legte, dessen Vollendung – soviel war allen Beteiligten klar – niemand von ihnen mehr erleben würde.

Um 1265 war zunächst der Chorumgang mit Kapellenkranz weitgehend vollendet, und wohl schon um 1300 dürfte auch die gesamte Architektur des Chores in voller Höhe mit Strebewerk und Gewölben fertiggestellt gewesen sein. Eine spätestens 1304 errichtete Wand schloß den gotischen Chor für über fünfeinhalb Jahrhunderte nach Westen ab. Aber erst nach Fertigstellung der wichtigsten Ausstattungstücke erfolgte die feierliche Weihe des Chores anläßlich einer Provinzialsynode am 27. September 1322.

Als die mittelalterlichen Bauarbeiten schließlich in den 20er Jahren des 16. Jahrhunderts eingestellt wurden, waren Lang- und Querhaus des Domes etwa drei Steinlagen über der Kapitellzone des Erdgeschosses mit provisorischen Dächern versehen. Lediglich die drei westlichen Joche der nördlichen Seitenschiffe waren zu diesem Zeitpunkt gewölbt, die jeweils äußeren Joche der Querhäuser sowie deren Fassaden fehlten jedoch völlig. Der südliche Turm war bereits gegen 1410 über das Erdgeschoß und das erste Obergeschoß hinaus bis zum Fenster-

Abb. 1

bankansatz des zweiten Obergeschosses gediehen, wo ihn ein gewaltiger schiefergedeckter Holzkran bekrönte.

Über 300 Jahre lang beschränkten sich die weiteren Baumaßnahmen auf Reparaturarbeiten und auf eher als kosmetisch zu bezeichnende Eingriffe, wie den Einbau hölzerner Scheingewölbe unter Kurfürst Clemens August (1723–1761).

Nach dem Einmarsch der französischen Revolutionstruppen 1794 diente der säkularisierte Dom als Kornspeicher und Fouragemagazin. Im Winter 1797/98 lagerte eine größere Zahl von österreichischen Kriegsgefangenen im Langhaus des Domes. An einen Weiterbau war erst wieder in preußischer Zeit zu denken. Die Neubewertung des Domes als einmaliges Kunstwerk und Nationaldenkmal, die Wiederbegründung des Kölner Erzbistums 1821 sowie die außerordentliche Spendenbereitschaft des preußischen Königs Friedrich Wilhelm IV. und der im Dombau-Verein organisierten Domfreunde in ganz Deutschland bildeten die Voraussetzungen für den Beginn der eigentlichen Bauarbeiten, mit denen der aus Schlesien stammende Architekt und preußische Staatsbeamte Ernst Friedrich Zwirner betraut wurde.

Gemeinsam legten Erzbischof Johannes von Geissel und Friedrich Wilhelm IV. am 4. September 1842 den Grundstein für den Weiterbau *Abb. 2*. Nach Entwürfen Zwirners wurden zunächst die Querhausfassaden errichtet. 1863 waren bereits alle Gewölbe eingezogen und damit der Innenraum des Domes fertiggestellt, so daß nun auch die über 500 Jahre alte Trennwand zwischen Chor und Langhaus Stein für Stein abgetragen werden konnte.

Begleitet von zweitägigen Feierlichkeiten wurde um die Mittagsstunde des 15. Oktober 1880 der vermeintlich letzte Stein in der knapp 8 m hohen Kreuzblume des Südturmes versetzt. Nach 632 Jahren und zwei Monaten war der Dom nun vollendet. Die Bauarbeiten aber endeten niemals wirklich. Seit 1906 wird weitergebaut, und bis heute sind nicht alle Schäden behoben, die der Zweite Weltkrieg in nur wenigen Tagen anzurichten vermochte. Hinzu kommen die verschiedenartigen und zum Teil sehr umfangreichen Verwitterungsschäden am Steinmaterial des Domes. Fertig wird der Kölner Dom in absehbarer Zeit also nicht, was allerdings auch zur allgemeinen Beruhigung der Kölner Bürger beiträgt, weiß doch ein jeder in dieser Stadt, daß gleich die ganze Welt unterzugehen droht, wenn der Kölner Dom fertig wird – eine Verantwortung, die selbst die neue Dombaumeisterin nicht auf sich nehmen möchte.

Abb. 2

Dombauhütte und
Dombauverwaltung

Für alle Arten von Baumaßnahmen, für den Erhalt des Bauwerkes sowie für die wissenschaftliche Erforschung und Dokumentation seiner Architektur wie auch seiner künstlerischen Ausstattung sind Dombauhütte *Abb. 3* und Dombauverwaltung zuständig. Sie sind direkte Nachfahren einer mittelalterlichen Hütte und Bauverwaltung, die schon Meister Gerhard, dem ersten Kölner Dombaumeister, bei der Realisierung seines ehrgeizigen Projektes zur Seite standen. Über den Aufbau und die innere Organisation der mittelalterlichen Kölner Dombauhütte ist allerdings kaum etwas bekannt. Die am Dombau tätigen Handwerker – überwiegend Steinmetzen, aber auch Zimmerleute und Schmiede – arbeiteten offensichtlich in eigenen Räumlichkeiten, die in unmittelbarer Nähe der Baustelle lagen. An ihrer Spitze stand der Werkmeister (›magister operis‹), der von seiner Ausbildung her ebenfalls Steinmetz war. Für die Verwaltung der Baufinanzen stand ihm daher ein von der Kirche bestimmter Geistlicher als eine Art Baudirektor (›rector fabricae‹) zur Seite.

Eine sicherlich deutlich verkleinerte Bauhütte für die notwendigen Reparaturarbeiten blieb auch nach Einstellung der mittelalterlichen Bautätigkeit bestehen. Erst mit der Flucht des Domkapitels vor den französischen Revolutionstruppen 1794 dürften auch die letzten Handwerker der Hütte den Dom verlassen haben. 1823, zwei Jahre nach einem in der Bulle »De salute animarum« festgeschriebenen Abkommen zwischen Papst und preußischem König, in dessen Rahmen das Kölner Erzbistum wiederbegründet und die Finanzierung der Instandsetzungsarbeiten am Dom dem Staat zugeteilt wurde, konnte auch die Kölner Dombauhütte durch den preußischen Regierungsbaumeister Ahlert neu eingerichtet werden. Eine große Blütezeit erlebte die Hütte mit Beginn der Arbeiten zum Weiterbau des Domes im Jahre 1842 *Abb. 4 und 5*. Die Zahl der am Dom tätigen Handwerker stieg bis auf 550 an. Hinzu kamen ungefähr 150 weitere Handwerker aus zusätzlich beauftragten Fachbetrieben.

Die Domvollendung 1880 bedeutete zwar nicht das Ende der Kölner Dombauhütte, doch wurde die Zahl der Mitarbeiter nach Abbruch der Hüttengebäude auf eine kleine Gruppe reduziert, die mit den immer wieder anfallenden Reparaturarbeiten betraut war. Die stark geschrumpfte Mannschaft umfaßte neben dem Dombaumeister nur noch einen Steinmetzmeister und zwei Steinmetzen. Zudem gab es nun offenbar auch Differenzen über die Zuständigkeiten für die weitere Instandsetzung des Domes nach Abschluß der eigentlichen Dombautätigkeit: Ab 1885 begann das Domkapitel nach und nach entlassene, aber auch noch in der Hütte tätige Handwerker zunächst als Fremdenführer in den eigenen Dienst zu stellen. Somit wurde Schritt für Schritt eine eigene Dombauhütte des Metropolitankapitels aufgebaut, die ohne Absprache mit der bestehenden staatlichen Hütte plötzlich eigene Baustellen eröffnete und unterhielt.

Diesen Zustand fand auch Dombaumeister Bernhard Hertel vor, als er 1903 nach dem Tode Richard

Abb. 3

Abb. 4

Voigtels dessen Nachfolge im Amt des Dombaumeisters antrat. Mit großem Engagement baute er den Mitarbeiterstab der staatlichen Hütte wieder aus, ließ 1908 die Hüttengebäude an der Nordseite des Domes von Grund auf neu errichten und mietete das im Besitz der Stadt befindliche Haus Zeughausstraße 13 mit dem nordwestlichen Eckturm der römischen Stadtmauer an, um dort Dombauverwaltung und Dombauarchiv eine würdige Unterkunft zu bieten und auch selbst Wohnung zu nehmen.

Hertels Forderung nach umfassenden Instandsetzungsarbeiten vor allem am mittelalterlichen Chorstrebewerk fand allerdings erst Gehör, als nach einer Maiandacht am 20. Mai 1906 ein großer Steinbrocken – es war der Flügel eines Engels – vom Wimperg des Dreikönigenportals aus einer Höhe von ca. 20 m in eine Gruppe von Seminaristen stürzte. Ernsthaft verletzt wurde glücklicherweise aber niemand. Bis Ende der 30er Jahre sollte sich noch unter Hertels Nachfolger Hans Güldenpfennig die Erneuerung des Chorstrebewerkes hinziehen.

Nach Nationalsozialismus und Zweitem Weltkrieg wurden Dombauhütte und Dombauverwaltung dem Metropolitankapitel der Hohen Domkirche unterstellt. Oberster Dienstherr des Dombaumeisters und seiner Mitarbeiter ist der Dompropst, der im Dom zugleich auch die Pflichten und Rechte eines Hausherrn wahrnimmt. Über die baulichen Belange des Domes entscheidet letztendlich aber die Dombaukommission, der laut Vereinbarung vom 26. Mai 1948 unter dem Vorsitz des Kölner Erzbischofs neben dem Propst des Kölner Metropolitankapitels auch der Kultusminister des Landes Nordrhein-Westfalen angehört. Mit dem Wiederaufbau des Domes und der Beseitigung der Kriegsschäden wurde der Architekt und Denkmalpfleger Willy Weyres (1944–1972) beauftragt. Die heutige Struktur von Dombauhütte und Dombauverwaltung mit Dombauarchiv und Domgrabung ist das Verdienst des langjährigen Dombaumeisters Arnold Wolff (1972–1998). Seit Januar 1999 steht mit Barbara Schock-Werner erstmals seit 1248 eine Frau an der Spitze dieser traditionsreichen Institution.

Einen Großteil der knapp 100 festen Mitarbeiter *Abb. 6* bilden die ca. 30 Steinmetzen und Bildhauer, zumal die Erneuerung von Werkstein ungefähr 50 % aller Arbeiten der Dombauhütte umfaßt. Hinzu kommen Dachdecker- und Gerüstbaukolonnen, aber auch Schreiner, Maler, Elektriker sowie ein Schlosser und ein Schmied. In der größten und modernsten Glasrestaurierungswerkstatt Europas sind in der Regel 10 Kunstglaser und Glasrestauratoren mit der Konservierung und Ergänzung der außerordentlich reichen Bestände an Glasmalereien des Domes befaßt. Die Pflege und Instandsetzung aller Werke der mittelalterlichen und neuzeitlichen Schatzkunst des Domes obliegt einer Goldschmiedemeisterin und einem Silberschmiedemeister.

In der Dombauverwaltung sind ein Architekt, ein Ingenieur und ein Steinmetztechniker mit der Pla-

Abb. 5

nung, der Vorbereitung und der Überwachung der Arbeiten am Dom betraut. Über die umfangreichen Bestände des Archivs und der Domschatzkammer sowie über die Restaurierung der künstlerischen Ausstattung des Domes wachen drei Kunsthistoriker. Auch für die Inventarisierung von Kunstwerken und anderen Sammlungsbeständen, die wissenschaftliche Bearbeitung kunsthistorischer Fragen und die Schriftleitung des vom Zentral-Dombau-Verein herausgegebenen Kölner Domblattes ist das Dombauarchiv zuständig. Die Auswertung der Grabungsbefunde erfolgt durch die Archäologen der Domgrabung. Allen Mitarbeitern des Domes steht eine Spezialbibliothek zur Verfügung.

Abb. 6

Abb. 4

Abb. 3

Abb. 4

Gebäude der Kölner
Dombauhütte des
19. Jahrhunderts an der
Südseite des Domchores,
Ausschnitt aus einem
Foto von Theodor
Creifelds, 1880.

Abb. 3

Hüttenhof (Röcke/
Renner 1970) und
Erweiterungsgebäude der
Kölner Dombauhütte
(Billecke 1983–1984) vom
Südquerhaus des Domes
gesehen.

Abb. 5 / 6

13

Abb. 5

Domsteinmetzen mit
Dombaufahne aus dem
historischen Festzug vom
16. Oktober 1880,
Foto von Fritz Schneider.

Abb. 6

Mitarbeiter von Dombau-
hütte und Dombau-
verwaltung im Sommer
des Jahres 2005.

Gesteinsarten

Seit der Grundsteinlegung im Jahre 1248 sind zum Bau des Kölner Domes rund 50 verschiedene Gesteinsarten verwendet worden. Etliche davon fanden nur zu Probezwecken und daher in äußerst geringem Umfang Verwendung, so daß sich die Zahl der hauptsächlich verbauten Steinarten im Grunde auf acht beschränkt *Abb. 7*. Zwischen 1248 und 1520 diente den mittelalterlichen Dombaumeistern nahezu ausschließlich Drachenfelstrachyt als Baumaterial *Abb. 8*, ein vulkanisches Erstarrungsgestein, das in der dem Rhein zugewandten Steilkuppe des nahegelegenen Siebengebirges gebrochen wurde und dessen Transport zur Dombaustelle keine grösseren Probleme bereitete. Über eigens freigeschlagene, große Rutschen wurden die einzelnen Steinblöcke bis zum Rheinufer hinabgezogen, um dann rheinabwärts mit Schiffen zum Bauplatz gebracht zu werden. Auch rechtlich war die weitere Zufuhr des Baumaterials gesichert, denn 1347 hatte sich Burggraf Heinrich von Drachenfels, ein Lehnsträger des Kölner Erzstiftes, verpflichtet, das bis zur Vollendung der Kathedrale benötigte Steinmaterial gegen Zahlung einer jährlichen Pachtsumme zur Verfügung zu stellen.

Nur die um 1375–1395 entstandenen Figuren in den Archivolten und Gewänden des Petersportales wurden nicht aus Trachyt sondern aus einem völlig anderen Steinmaterial gefertigt, denn hier verwendeten die Bildhauer der Parlerwerkstatt einen weitaus besser zu bearbeitenden, feinkörnigen gelblichen Kalkstein.

Mit Beginn der dringend erforderlichen Erneuerungsarbeiten in den 20er und 30er Jahren des 19. Jahrhunderts sahen sich zunächst Bauinspektor Ahlert und seit 1833 sein Nachfolger Zwirner mit der Schwierigkeit konfrontiert, hierfür einen geeigneten neuen >Domstein< ausfindig zu machen. Trachyt vom Drachenfels war in den erforderlichen Mengen nicht mehr zu beschaffen, da dieser Steinbruch kaum mehr zu nutzen und 1836 sogar endgültig stillgelegt worden war, nachdem bereits 1788 Teile der Burgruine in die Tiefe gestürzt waren. Auch war das Siebengebirge bereits seit 1823 als Naturschutzgebiet ausgewiesen.

Neben einer aus Niedermendig in der Eifel stammenden Basaltlava, die später vor allem für die Sockelbereiche des Fortbaus verwendet wurde, wählte man Trachyte aus der engeren und weiteren Umgebung des Drachenfels, die vom benachbarten Stenzelberg, später dann auch aus dem unmittelbar angrenzenden Wolkenburger Steinbruch und aus den schon seit römischer Zeit bestehenden Steinbrüchen bei Berkum südlich von Bonn stammten.

Aus diesem Steinmaterial wurden nicht nur die Strebebögen des mittelalterlichen Chores erneuert, sondern nach 1842 auch die Strebepfeiler der Querhausfassaden sowie die meisten Maßwerkbrüstungen und Horizontalgesimse geschaffen.

Größere Teile des Domweiterbaus ließ Zwirner in einem hellen, grobkörnigen Sandstein aus Schlaitdorf bei Stuttgart anfertigen *Abb. 9*. Hierzu zählen neben den Querhausfassaden vor allem die Obergadenbereiche von Lang- und Querhaus.

Abb. 7

Abb. 8

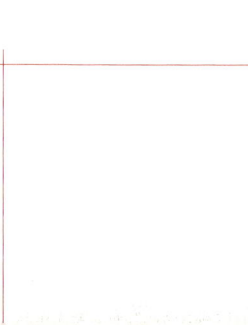

Für die Domtürme, deren weiterer Ausbau erst nach Vollendung des Langhauses 1863 begonnen wurde, griff Dombaumeister Voigtel auf Obernkirchener Sandstein aus der Gegend von Minden an der Weser zurück, der in geringeren Mengen schon seit 1845 Verwendung gefunden hatte.

Die Dombildhauer bevorzugten für den Figurenschmuck der Portale, Wimperge und Turmbaldachine sehr weiche französische Kalksteine, die vorwiegend aus Savonnières in der östlichen Champagne bezogen wurden.

Als Dombaumeister Hertel 1925 endlich damit beginnen konnte, die schadhaften Stellen des mittelalterlichen Chorstrebewerkes durch neugefertigte Teile zu ersetzen, entschied er sich hierbei für den von ihm bereits seit langem favorisierten Muschelkalk aus Krensheim bei Lauda im Main-Tauber-Kreis *Abb. 10*. Trotz von verschiedenen Seiten geäußerter Bedenken haben Hertel und sein Nachfolger Güldenpfennig zwischen 1925 und 1939 nahezu das gesamte Strebewerk des Chores in diesem Werkstein erneuert.

So verschiedenartig die am Dom verwendeten Gesteinsarten sind, so unterschiedlich stark sind auch die Schäden, die an ihnen entstehen. Während der Obernkirchener Sandstein der Türme derzeit kaum Probleme bereitet und selbst vom noch verbliebenen mittelalterlichen Trachyt keine unmittelbare Gefahr für den Bestand des Domes ausgeht, geben andere Gesteine durchaus Anlaß zur Sorge. Von den Stenzelberger, Wolkenburger und Berkumer Trachyten werden bis zu 1,5 cm dicke Schichten geradezu abgesprengt. Beim Schlaitdorfer Sandstein dringen die Verwitterungsschäden sogar bis zu 15 cm tief in die Substanz vor, weshalb gerade von diesem Stein, insbesondere im Bereich der Strebewerke, eine ernstzunehmende Gefahr für den gesamten Dombau ausgeht.

Auch der Muschelkalk des erst vor sechs bis sieben Jahrzehnten neu errichteten Chorstrebewerkes weist starke Verwitterungsschäden auf, so daß hier in absehbarer Zeit erneut Maßnahmen zu ergreifen sein werden. Ob die seit einigen Jahren getesteten Anstriche einen dauerhaften Schutz bieten können oder ob die Strebepfeiler und -bögen ein weiteres Mal ausgetauscht werden müssen, kann heute noch nicht mit Bestimmtheit gesagt werden.

Der bei den Erneuerungsarbeiten am Dom überwiegend verwendete Stein ist derzeit noch Basaltlava. Schon vor 1830 wurde an statisch relevanten Stellen Basaltlava aus Niedermendig verbaut. Ihrer guten Verwitterungsbeständigkeit steht allerdings die sehr dunkle Färbung und eine die Bearbeitung erschwerende Härte gegenüber, so daß dieser Stein heute nur noch an nicht einsehbaren Stellen, im Sockelbereich des Domes oder für Wasserspeier Verwendung findet.

Das weitaus häufiger verwendete Steinmaterial ist eine aus Londorf im Vogelsbergkreis stammende

Abb. 9

Abb. 10

Basaltlava, die durch ihre helle, graue Farbigkeit am Außenbau des Domes stets gut zu erkennen ist *Abb. 11*. Ebenso witterungsbeständig wie Eifelbasalt, darüber hinaus leicht und ohne Gesundheitsschäden zu bearbeiten, dunkelt dieser Stein auch kaum nach, sondern bewahrt seine helle Farbigkeit über lange Zeit und wird aufgrund seiner vielen Vorteile allgemein als ›idealer Dombaustein‹ gehandelt. Seit der Londorfer Basalt 1952 von Dombaumeister Willy Weyres eingeführt wurde, sind in diesem Material ein Strebepfeiler der südlichen Langhausseite, die westliche Galerie der Südquerhausfassade sowie ein Großteil der Fassade und das gesamte Strebewerk des Nordquerhauses erneuert worden.

Seit einigen Jahren wird für die Instandsetzung der Türme wieder in größerem Umfang Obernkirchener Sandstein verwendet. Fehlende oder stark beschädigte Werkstücke aus Schlaitdorfer Sandstein, die vor allem im Bereich von Langhaus und südlichem Querhaus zu finden sind, werden in Zukunft durch Kopien in einem qualitätvolleren Sandstein ersetzt. Dieser stammt aus einem Steinbruch im Riesengebirge, der auf polnischer Seite Radków, auf tschechischer aber Božanov genannt wird.

Abb. 11

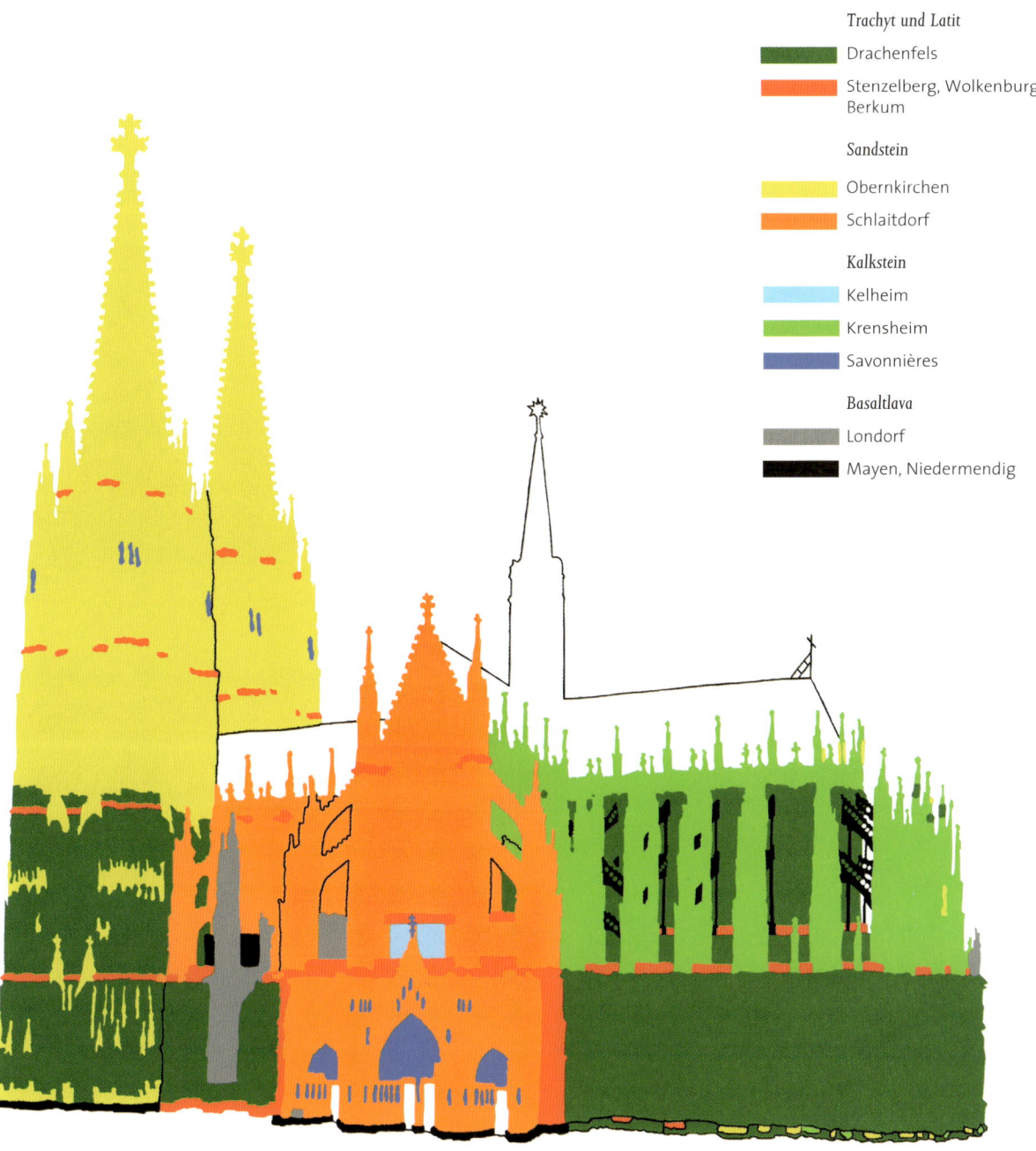

Trachyt und Latit
- Drachenfels
- Stenzelberg, Wolkenburg, Berkum

Sandstein
- Obernkirchen
- Schlaitdorf

Kalkstein
- Kelheim
- Krensheim
- Savonnières

Basaltlava
- Londorf
- Mayen, Niedermendig

17

Abb. 7

Schematische Darstellung der Südseite des Domes mit Eintragung der wichtigsten Gesteinsarten nach einer Zeichnung von Arnold Wolff.

Abb. 9

Abb. 8

Abb. 9

Trachyt vom Drachenfels
im Bereich der Chor-
kapellen.

Strebepfeiler und -bögen
aus Schlaitdorfer Sandstein
an der Südseite des
Langhauses.

Abb. 10

Abb. 11

Abb. 10

Kapitell einer Fiale aus
Krensheimer Muschelkalk
im Bereich der Dach-
galerie des Chores.

Abb. 11

In Londorfer Basaltlava
erneuerte Galerie der
Südquerhausfassade.

Figürliches

Hunderte Figuren zieren die Architektur des Domes, nicht nur in dessen Innenraum, sondern auch in allen Ebenen des Außenbaus. Zumeist werden nur die Heiligenstatuen an den Pfeilern von Langhaus und Chor oder die Figuren in den Gewänden, Archivolten oder Wimpergen der großen Portale wahrgenommen. Viele höhergelegene Darstellungen jedoch bleiben selbst dem aufmerksamsten Betrachter verborgen und sind mit blossem Auge oft auch kaum zu erkennen. Hierzu zählen die überlebensgroßen Standbilder im zweiten Obergeschoß der Türme. Sie stellen Heilige aus der Stadtgeschichte Kölns dar, wie z. B. den Stadtpatron Gereon oder die heiligen Kölner Bischöfe Severin und Kunibert. Selbst in den Tabernakeln rings um die polygonalen Turmobergeschosse, stehen noch über 30 Engelfiguren, von denen einige ihre weißen Flügel hervorstrecken *Abb. 12.* Die aufgrund ihrer monumentalen Größe von 2,80 m aus zwei Blöcken zusammengefügten Engel tragen Musikinstrumente (Nordturm) oder die Leidenswerkzeuge Christi (Südturm).

Andere, sehr klassizistisch wirkende musizierende Engel, die der Bildhauer Wilhelm Joseph Imhoff nach Zeichnungen von Karl Friedrich Schinkel schuf, schmücken die Figurenlauben der Chorkapellenpfeiler.

Figürlich gestaltet sind auch die zahlreichen Wasserspeier des Mittelalters und des 19. Jahrhunderts. Aber auch das 20. Jahrhundert hat vor allem in den Detailformen figürlichen Schmuck am Dom hinterlassen. Aus dem Jahre 1920 stammt jener Strebepfeileraufsatz an der Südseite des Chores, dessen Inschrift ihn als Mahnmal für die im Ersten Weltkrieg gefallenen Werkleute der Dombauhütte ausweist. Kleine Köpfe zieren die Giebelflächen, und sicher nicht nur der Historiker vermag an der nach Osten gerichteten Seite einen Kopf mit den Gesichtszügen des Generalfeldmarschalls Paul von Hindenburg zu erkennen *Abb. 13.*

Die Kapitellzonen der unzähligen Fialtürme wurden im 19. Jahrhundert getreu den mittelalterlichen Vorbildern mit Blattwerk versehen. Je zwei Kränze von Blättern legen sich um den kelchförmigen Kapitellkern *Abb. 14.* Obwohl der Domfortbau des 19. Jahrhunderts in den Hauptzügen dem mittelalterlichen Bauplan folgte, war man hinsichtlich der Detailformen darum bemüht, das Mittelalter nachträglich zu perfektionieren oder gar zu übertreffen, indem hier eine über die mittelalterliche Formgebung hinausgehende, möglichst naturgetreue Darstellung angestrebt wurde. Hierzu wurden Naturblätter in Gips abgegossen, um als Modelle für die Gestaltung von Kapitellen dienen zu können. Trotz Verwitterungsspuren lassen sich die unterschiedlichen Pflanzendarstellungen auch heute noch ohne größere botanische Fachkenntnis eindeutig identifizieren.

An die Stelle des Blattwerks traten bei den Instandsetzungsarbeiten der 50er und 60er Jahre des 20. Jahrhunderts ganz andere Darstellungen. Insbesondere das nördliche Querhaus hatte während des Zweiten Weltkrieges schwere Schäden davongetragen. Hier wurden die oberen Teile der Fassade sowie das gesamte Strebewerk und die Dachgalerie mit ihren Fialtürmen unter Dombaumeister Willy Weyres in Londorfer Basaltlava

Abb. 12   Abb. 13   Abb. 14

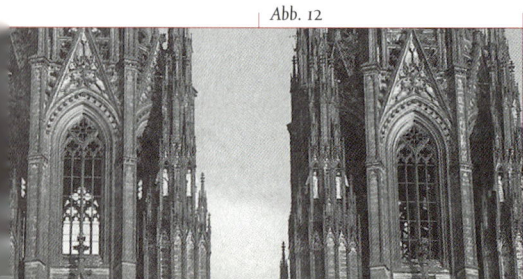

erneuert. In den Proportionen und groben Umrißformen den ursprünglichen Bauteilen des 19. Jahrhunderts durchaus gleich, kam es jedoch zu Abweichungen im Detail, die dem Dombesucher, der das Bauwerk von der Domplatte, also aus der Untersicht wahrnimmt, selbst bei aufmerksamer Betrachtung kaum ins Auge fallen dürften.

Aus der Nähe gesehen treten plötzlich jedoch Bauarbeiter mit Helmen, teilweise mit ihrem Handwerkszeug in Händen, aus den Steinmassen hervor *Abb. 15.* Hier haben Mitarbeiter der Dombauhütte sich selbst oder Kollegen verewigt. An prominenter Stelle blickt Steinmetz Heinrich Wingender, seinerzeit Betriebsratsvorsitzender der Dombauhütte, als Wasserspeier auf die Menschen herab *Abb. 16.*

Aber auch Personen der Zeitgeschichte wurden am Dom verewigt, wie General de Gaulle, Harold McMillan, John F. Kennedy und Nikita Chruschtschow, die in ewiger Konferenz vereint eine Kreuzblume an einem der äußeren Strebepfeiler des Langhauses zieren *Abb. 17.* Zu ihnen gesellen sich das närrische Kölner Dreigestirn von Bauer, Prinz und Jungfrau, ein fülliges Funkenmariechen, ein ganzer ›Veedelszog‹, spielende Kinder, Hunde und Katzen, Fußballspieler vom 1. FC Köln *Abb. 18* und natürlich auch dessen Wappentier, der Geißbock – ebenfalls allesamt in luftiger Höhe. Entsprungen ist diese illustre Gesellschaft der Phantasie der Domsteinmetzen und -bildhauer. Lediglich in den Ausmaßen und den Proportionen waren sie an die herkömmlichen Formen gebunden, in der Ausarbeitung der Detailformen ließ Dombaumeister Weyres seinen Mitarbeitern freie Hand.

Während in den 50er, 60er und frühen 70er Jahren des 20. Jahrhunderts die Realisierung moderner Entwürfe denkmalpflegerisch durchaus vertretbar erschien – selbst Kreuzblumen und Krabben erhielten eine moderne kantigere Gestalt – hat sich mit der Amtsübernahme von Dombaumeister Wolff 1972 auch am Dom der generelle Wandel in der Denkmalpflege bemerkbar gemacht. Seither gilt es, neu zu schaffende Teile nach den erhaltenen oder überlieferten Formen zu kopieren.

Dieser Wechsel ist am Dom besonders deutlich an der Westseite des Nordquerhauses zu erkennen. Hier zeigen die Kapitellzonen der beiden südlichen, in den letzten Jahrzehnten versetzten Fialtürme der Dachgalerie statt figürlicher Darstellungen bereits wieder Kränze von Eichen- und Ahornblättern.

Abb. 15

Abb. 16

Abb. 17

Abb. 18

Abb. 12

Abb. 12

Vier der überlebens-
großen Engel des
19. Jahrhunderts in den
Tabernakeln der
Turmobergeschosse.

Abb. 13

Abb. 14 / 15

Abb. 13	Abb. 14	Abb. 15
Als Mahnmal für die im Ersten Weltkrieg gefallenen Werkleute der Dombauhütte gestaltete Fiale an der Südseite des Chores mit Portrait des Generalfeldmarschalls Paul von Hindenburg, 1920.	Fialenkapitell des 19. Jahrhunderts mit zwei Kränzen von Blattwerk.	Fialenkapitell mit Handwerkern der Kölner Dombauhütte, Engelbert Davepon 1982.

24

Abb. 16

Abb. 17

Abb. 18

Abb. 16

Heinrich Wingender,
Steinmetz und ehemaliger
Bertiebsratsvorsitzender
der Kölner Dombauhütte,
als Wasserspeier am
Nordquerhaus des
Domes, Heribert Rausch
1981.

Abb. 17

Kapitell mit Darstellung
der >Großen Vier<:
General de Gaulle,
Harold McMillan,
John F. Kennedy und
Nikita Chruschtschow,
Engelbert Davepon
1961/62.

Abb. 18

Kapitell mit Fußball-
spielern, Engelbert
Davepon 1966.

Vergießen mit Blei

Die unzähligen filigranen Aufbauten auf Pfeilern, Galerien und Wimpergen bestehen nicht aus monolithen Fialen, alles ist wie auch bei den gewaltigen Kreuzblumen der beiden westlichen Türme in einer Art Baukastensystem aus mehreren Werkstücken zusammengefügt. Gerade bei den frei aufragenden, Wind und Wetter ausgesetzten Bauteilen ist eine stabile und sichere Verankerung notwendig. Mörtelfugen würden bei den unvermeidlichen Erschütterungen binnen kurzer Zeit zermürbt werden.

Daher bedient man sich heute wieder der bereits seit der Antike bekannten, im Zeitalter der Gotik weit verbreiteten und auch im 19. Jahrhundert vielfach noch gebräuchlichen Technik des Vergießens mit Blei.

Da beispielsweise die einzelnen Werkstücke einer Fiale in erster Linie durch kräftige Metalldübel miteinander verbunden werden *Abb. 19,* besteht der erste Arbeitsschritt darin, an einem neu zu versetzenden Werkstück ca. 20 cm tiefe Dübellöcher in die Ober- und Unterseite zu bohren. Anschließend wird ein 36 cm langer, quadratischer Dübel aus rostfreiem Stahl in das entsprechend ausgestemmte Bohrloch der Unterseite eingefügt, mit Ton fixiert und dann mit flüssigem Blei, das aus Resten der alten Dachdeckung des Domes gewonnen wird, vergossen.

Derart präpariert wird das Werkstück mit Kettenzügen in die Höhe gezogen und senkrecht auf den Unterbau abgelassen, so daß der freistehende Teil des Dübels sich in das Dübelloch des unteren Steins senkt. An den Ecken ruht das aufgesetzte Werkstück auf kleinen Distanzblöcken aus Blei, deren Dicke genau der späteren Fuge entspricht. Mit Ton wird diese Fuge nun abgedichtet. Nach oben geöffnete Tonmanschetten an drei Ecken dienen dazu, die Luft entweichen zu lassen. An der vierten Ecke entsteht hingegen eine große Eingußöffnung, in die das flüssige Blei eingefüllt wird *Abb. 20 und 21.* Erst wenn das Blei in den Luftöffnungen sichtbar wird, ist die Fuge vollständig ausgefüllt. Der Ton kann nun wieder entfernt werden; das überstehende Blei wird, so weit es geht, verstemmt und abgeschnitten.

Eine solche Bleifuge schützt letztendlich nicht nur den Dübel vor Feuchtigkeit, sondern vermag auch aufgrund ihrer Elastizität auftretende Druckspannungen auszugleichen. Aus dem 19. Jahrhundert haben sich allerdings auch Vergießungen mit Mörtel und Naturasphalt erhalten.

Ohne Eisendübel und ohne in Blei ausgegossene Fugen sind vor allem die filigranen Maßwerkstege der gotischen Fenster, Wimperge und Galerien kaum denkbar.

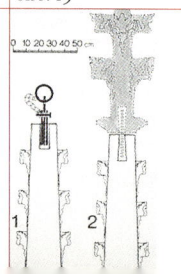

Abb. 19

Abb. 20

Abb. 21

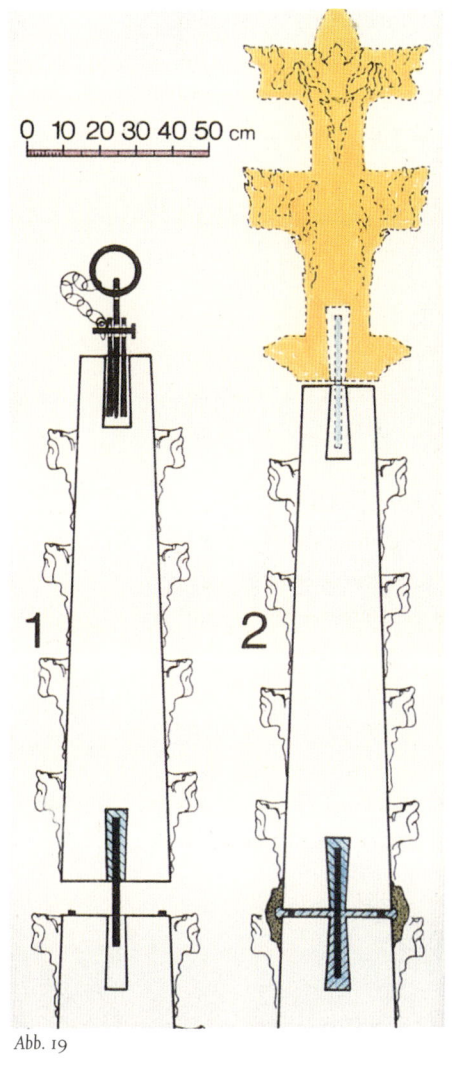

Abb. 19

Abb. 20 / 21

Abb. 19		Abb. 20	Abb. 21
Aufsetzen eines Werkstücks: 1 Ablassen des Steines. Der Dübel senkt sich in das Dübelloch des unteren Steines, auf dessen Oberlager bereits die Distanzblöckchen aus Blei liegen. 2 Vergießen der Fuge (schwarz: Dübel aus	rostfreiem Stahl, punktiert: Tonmanschette, schraffiert: Blei nach dem Einguß). Oben schon der nächstfolgende Stein, in diesem Fall die bekrönende Kreuzblume, Zeichnung von Arnold Wolff.	Eingießen des flüssigen Bleis in die >Schwalbennest-Öffnung< der abgedichteten Fuge.	Ofen zum Schmelzen des Bleis mit Tiegel, Schaumlöffel und Gießlöffel.

Pflanzen

Die bizarre Dachlandschaft des Domes mit ihren Galerien, Brüstungen, Rinnen, Strebebögen, Fialtürmen und Mauerflächen bietet gerade in den unzugänglichen und daher besonders geschützten Winkeln und Ecken beste Voraussetzungen für die Ansiedlung verschiedener Pflanzen und Gewächse. Der hier angewehte Staub sowie feinkörnige Verwitterungsrückstände und andere organische Materialien bilden den notwendigen Nährboden, in den Mörtelfugen und Steinspalten finden die Wurzeln den nötigen Halt. So ist der Dom für den genauen Betrachter auch ein >herausragendes< Biotop inmitten des ansonsten wenig grünen Großstadtdschungels.

Gut sichtbar und auch für den botanischen Laien leicht zu bestimmen sind die ausgedehnten Moospolster, die vor allem die eher feuchten und schattigen Bereiche des Domes schätzen, sowie die ebenfalls üppig gedeihenden Farne *Abb. 22,* unter denen der Tüpfelfarn die häufigste am Dom vorkommende Art ist. Großflächige Grün- oder Schwarzfärbungen ganzer Steinpartien sind zumeist auf Algenablagerungen zurückzuführen. Dutzende Arten von Mikroalgen lassen sich am Dom nachweisen.

Was dem Betrachter zunächst nur als grünlich oder bräunlich schimmernde Flecken erscheint und gleichermaßen Steinoberflächen wie Bleiabdeckungen überzieht, ist eine artenreiche Kolonie verschiedener Flechtengebilde, d. h. kleinere und größere Lebensgemeinschaften von Pilzen und Algen. Während bei Untersuchungen 1956 und 1984 nur je sechs verschiedene Flechtenarten vorgefunden wurden, konnten 1998 in einer erneuten Untersuchung 24 weitere nachgewiesen werden. Dieser deutliche Anstieg des Artenreichtums ist jedoch nicht immer mit einer Verbesserung der Luftqualität bzw. einem Rückgang der Schwefeldioxydbelastung in der Luft zu erklären, da viele Flechtenarten inzwischen als toxiresistent gelten können.

Die höheren und zum Teil durchaus auch als exotisch zu bezeichnenden Pflanzen des Domes sind Arten mit flugfähigen Samen oder Früchten, die auf der Suche nach günstigen Lebensbedingungen entweder die schattige Nordseite oder die sonnenverwöhnte Südseite des Domes bevorzugen. Löwenzahn, Rispengras und Weidenröschen *Abb. 23* lassen sich mit Vorliebe auf bereits vorhandenen Moospolstern nieder. Für Farbe sorgen leuchtend roter Klatschmohn und die weiß-violetten Blüten des Zimbelkrautes, das sonst vielfach auch auf mittelalterlichen Burgmauern gedeiht. Im Winkel zwischen Nordquerhaus und nördlichem Langhaus sprießt gar ein kleiner Brombeerstrauch, ohne daß bisher allerdings von größeren Ernteerfolgen zu berichten wäre.

Selbst Bäume bevölkern den größten und wohl auch wildesten Dachgarten Kölns. Hierzu gehören die beiden nur wenige Jahre alten, ca. 20 cm hohen Salweiden *Abb. 24,* die in einer Höhe von knapp 45 m am südlichen Querhaus einen Ankerplatz gefunden haben. Aufgrund ihres zerstörerisch wirkenden Wurzelwerkes erhalten jedoch nicht alle Bäume die Chance, ihren Stamm gleich meterhoch in den Himmel zu recken, wie etwa jene ca. 6 m hohe Birke, die 1974 auf dem Dom gefällt wurde.

Abb. 22

Abb. 23

Abb. 24

Unter den Exoten der kathedralen Pflanzenwelt findet sich der ursprünglich in China beheimatete, zu den Nachtschattengewächsen zählende Bocksdorn und das erst nach dem Zweiten Weltkrieg in Europa heimisch gewordene Greiskraut, ein aus Südafrika stammendes halbstrauchartiges Gewächs aus der Familie der Korbblütler. Ganz offenkundig erweist sich die insgesamt knapp 100 Arten umfassende Domflora somit als bunt gemischte, multikulturelle Gesellschaft.

Abb. 22

Abb. 23

Abb. 24

Abb. 22	*Abb. 23*	*Abb. 24*
Tüpfelfarn.	Weidenröschen.	Salweide.

Wanderfalken

Neben Tauben, Spatzen, Elstern, Hausrotschwänzchen und Turmfalken gehören seit einigen Jahren auch Wanderfalken zu den prominenten Bewohnern und Besuchern der oberen Domregionen *Abb. 25*. Allerdings fand der Wanderfalke im Gegensatz zu seinen Gattungsgenossen nicht selbständig den Weg zum Kölner Dom.

In einem ersten Versuch wurde 1979 auf Anregung des Domfalkners Claus Doering ein Wanderfalkenpaar im dritten Obergeschoß des nördlichen Domturmes ausgesetzt. Es stammte aus einer Versuchszucht des Veterinärmediziners Prof. Christian Saar von der Freien Universität Berlin. Zur Eingewöhnung wurden die jungen Falken zunächst über 10 Tage in einem Spezialkäfig täglich mit frischem Taubenfleisch gefüttert. In die Freiheit entlassen, stießen die noch unerfahrenen Wanderfalken jedoch auf größere Feindseligkeiten der Domturmfalken. Gleich am Abend des ersten Tages entzogen sich die Wanderfalken den teils heftigen Attacken ihrer Artverwandten durch Flucht.

Erst mit ›Arnold‹ und ›Agrippina‹, den ersten Nachkommen eines von zwei weiteren, 1984 am Dom ausgesetzten Wanderfalkenpaaren, gelang eine dauerhafte Auswilderung am Dom. Als »biologische Taubenabwehr« schlagen die Wanderfalken neben Möwen, Staren und Enten am Dom natürlich vor allem Tauben als Flugwild. Hierbei erreichen sie Fluggeschwindigkeiten von bis zu 200 km/h. Seit Jahren sind die Domwanderfalken nun schon ortstreu. Allerdings war die Brut der Falken zunächst nicht immer erfolgreich. Inzwischen werden Jahr für Jahr vier Jungvögel aufgezogen. Als Brutplatz diente lange Zeit jedoch der Vierungsturm der Kirche Groß St. Martin, bis im Frühjahr 2000 erstmals wieder ein Wanderfalkenpärchen im nach wie vor bestehenden Horst auf dem nördlichen Domturm brütete. Ausgehend von ihrer Auswilderung am Dom leben im gesamten Rheinland heute bereits wieder über 30 Wanderfalkenpärchen.

Abb. 25

Abb. 25

Abb. 25

Wanderfalke im
Obergeschoß des
nördlichen Domturmes.

Dachstuhl

Der Dachstuhl des Kölner Domes beeindruckt durch seine gewaltigen Ausmaße und die Modernität seiner Konstruktion. Was nicht zuletzt aufgrund des orangefarbenen Schutzanstrichs auf den ersten Blick den Eindruck einer modernen Nachkriegslösung erweckt, ist noch die originale Dachstuhlkonstruktion des 19. Jahrhunderts, die zwischen April und Juni 1860 über den Gewölben von Lang- und Querhaus montiert wurde *Abb. 26 und 27*. Knapp drei Jahrzehnte vor dem Bau des Pariser Eiffelturmes entstanden, stellt der Dachstuhl des Kölner Domes eines der bedeutendsten Denkmäler des frühen Eisenbaus dar.

Zur Zeit seiner Errichtung war die moderne Stahlkonstruktion keineswegs unumstritten, vertraten die eher konservativen Kräfte um August Reichensperger doch die Auffassung, der Dachstuhl des Domes müsse aus Holz, dem authentischen Baumaterial des Mittelalters, errichtet werden. Auf dem um 1300 fertiggestellten Chor des Domes hatte es schließlich einen Dachstuhl aus mächtigen Eichenbalken gegeben *Abb. 28*. In der Zeit der französischen Besatzung Ende des 18. Jahrhunderts hatte dieser jedoch Teile seines ursprünglichen Bleidaches verloren, war somit stellenweise ungeschützt der Witterung ausgesetzt und befand sich infolgedessen in marodem Zustand. Der unter preußischer Bauleitung 1824 neu errichtete Dachstuhl war ebenfalls eine Holzkonstruktion, wenn auch statt Eiche nun Tannenholz Verwendung fand.

Trotz des noch bestehenden hölzernen Dachstuhles über den Chorgewölben vermochte sich Dombaumeister Zwirner mit der von ihm bevorzugten Stahllösung durchzusetzen, hatte er doch in der polemisch geführten Diskussion um das geeignete Material letztendlich die besseren Argumente. Ein Stahldachstuhl stellte seiner Auffassung nach eine deutliche Verringerung der Brandgefahr dar, wies eine größere Windbeständigkeit auf und war kostengünstiger zu erstellen, zumal Holz seinerzeit ein teurer Baustoff war. Auch statische Argumente wurden in die Diskussion eingebracht, hatten Zwirner und Voigtel doch errechnet, daß eine Stahlkonstruktion, aufgrund der dünnen Streben, am Ende ein Drittel wenn nicht gar die Hälfte leichter sei als ein Dachstuhl aus massiven Kanthölzern. Die gegenüber ersten Entwürfen dann doch erhöhte Stärke der Stahlstreben ließ den Gewichtsvorsprung der modernen Stahlkonstruktion allerdings wieder deutlich schrumpfen. Schließlich dürfte aber vor allem die Modernität des Baustoffes den Ausschlag gegeben haben.

Das Gewicht des gesamten Dachstuhles, zählt man Chor, Langhaus und die beiden Querhausarme zusammen, beläuft sich auf ca. 180 t, zu denen noch das Gewicht der Bleiabdeckung hinzuzurechnen wäre, um zu ermitteln, welche Lasten insgesamt auf den Fundamenten und Mauerzügen des Mittelalters ruhen. Aber auch eine Dachstuhlkonstruktion aus massiven Eichenholzbalken hätten die Hochschiffwände des Domes durchaus tragen können.

Der nach Zwirners Idee von seinem damaligen Assistenten und späteren Nachfolger Voigtel entworfene

Abb. 26   *Abb. 27*   *Abb. 28*

Dachstuhl sah eine Konstruktion aus 40 monumentalen Fachwerkbindern vor. Diese wurden aus gewalzten Profilen zusammengesetzt, ihre gegossenen Fußplatten sind im Mauerwerk der Hochschiffwände verankert. Ein Gitterwerk aus unterschiedlich starken Zwischensparren und Pfetten mit zusätzlichen, diagonal über die Dachfläche gespannten dünnen Rundstäben dient als Windverband. Quer über das Schiff verlaufende Zugstangen fördern die Standsicherheit der Konstruktion. Die meisten der einzelnen Walzprofile und Gußteile sind vernietet, einige aber auch verschraubt.

Einer der Dachbinder wurde 1980 von Lehrlingen der Krupp Industrie- und Stahlbau AG in Rheinhausen nachgebaut und stand vier Jahre über dem Hof der Dombauhütte, ehe er an die Fachhochschule nach Deutz verbracht wurde, wo er noch heute steht.

Die ausführende Firma von Dachstuhl und Vierungsturm wurde der Größe des Bauvorhabens entsprechend in einem öffentlichen Wettbewerb ermittelt, an dem sich neben den seinerzeit bestehenden Eisenhütten im Rheinland und im Ruhrgebiet auch die Kölnische Maschinenbau AG in Köln-Bayenthal beteiligte. Der Auftrag blieb erwartungsgemäß in Köln, wozu sicher auch die in anderer Tinte später nachgetragenen Preise der Maschinenbau AG beigetragen haben dürften, die am Ende pro Tonne Material nur wenige Weißpfennige günstiger lag als ihre Konkurrenten.

Mit einer Firmentafel im Dachstuhl des Chores, der allerdings erst 1883 den Tannenholzdachstuhl von 1824 ersetzte, hat sich die ausführende Kölnische Firma inmitten ihrer eigenen Konstruktion schließlich auch verewigt *Abb. 29*.

Den Zweiten Weltkrieg hat der eiserne Dachstuhl des Domes trotz 14 schwerer Bombentreffer und unzähliger Brandbomben nahezu unbeschadet überstanden – eine späte Rechtfertigung für die zukunftsweisende Entscheidung Zwirners.

Nach seiner Fertigstellung wurde der Dachstuhl zum Schutz gegen Korrosion zweimal mit einem Asphaltlack gestrichen, was jedoch völlig unzureichend war und nur deshalb nicht zu verheerenden Schäden führte, weil das im Puddelverfahren gewonnene Eisen ohnehin kaum rostete. Zwischen 1968 und 1992 haben die Maler der Dombauhütte in verschiedenen Etappen den Asphaltlack mit der Drahtbürste abgetragen und durch einen doppelten Bleimennige-Anstrich ersetzt, der mit dem heute sichtbaren, orangefarbenen Lack überzogen wurde.

Innerhalb des Dachstuhles verlaufen grüne und blaue Kanäle, in denen die Stromleitungen entlanggeführt werden. Die unterschiedliche Farbigkeit ist Ausdruck der unterschiedlichen Nutzung und Bezahlung des Stroms, denn grün steht hierbei für den domeigenen Bedarf, blau für die städtische Außenbeleuchtung des Domes bei Nacht.

Abb. 29

Abb. 26

Abb. 27 / 28

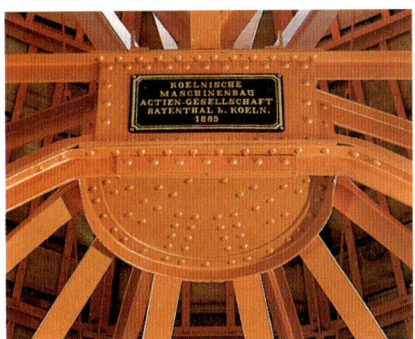

Abb. 29

Abb. 26	Abb. 27	Abb. 28	Abb. 29
Blick in die 1883 von der Kölnischen Maschinenbau AG errichtete Stahlkonstruktion des Chordachstuhls.	Dachstuhl des Langhauses mit den 1990 errichteten Sozialräumen für die auf dem Hohen Dach tätigen Handwerker der Dombauhütte (links: Aufenthaltsraum, rechts: Toiletten).	Querschnitt durch den Chor des Domes mit Ansicht des mittelalterlichen Eichenholzdachstuhls, Tafel VI aus dem Domwerk von Sulpiz Boisserée, nach einer Zeichnung von Maximilian Fuchs 1809.	Firmenschild der Kölnischen Maschinenbau AG in Köln-Bayenthal im Dachstuhl des Domchores.

Bleidach

Über 12.000 m² nehmen die Dachflächen des Kölner Domes ein. Alle Dächer sind mit großformatigen Blei-platten gedeckt, deren Gewicht sich insgesamt auf ca. 600 t beläuft.

Blei als Deckmaterial der Dächer hat am Kölner Dom eine lange Tradition. Schon der älteste Bauteil des Domes, der um 1300 fertiggestellte Chor, besaß ein 15 m hohes Bleidach – von gleichen Ausmaßen wie das heutige und bereits ebenso steil proportioniert.

Die mit 67,5° ungewöhnlich steile Neigung der Dachflächen machte die im Mittelalter hier angebrach-ten goldenen Ornamente besser sichtbar und ließ auch die ca. 1,50 m hohe goldene Inschrift gut lesbar wer-den, die auf den bedeutendsten Reliquienbesitz der Kölner Kathedrale, die Gebeine der Heiligen Drei Könige, Bezug nahm.

Wie schon das mittelalterliche Chordach wurde zunächst der 1824 dort neu errichtete Tannenholz-dachstuhl und schließlich auch die gesamte Stahlkonstruktion aus der zweiten Hälfte des 19. Jahrhunderts mit Blei eingedeckt. Erst der Zweite Weltkrieg vermochte dem ansonsten ausgesprochen haltbaren Material große Schäden zuzufügen. Mehr als 80% aller Dachflächen gingen verloren.

Lediglich zwischen den beiden Türmen, am Chorschluß und an der Nordseite des Chores sowie auf den Dächern des Kapellenkranzes blieb die Bleiabdeckung von 1860 bzw. 1882/83 erhalten, wenn auch teilweise aus der Verankerung gerissen und verschoben. Noch während des Krieges entstanden erste Notdächer aus Zink-blech und Dachpappe. Bis 1948 waren dann aber alle fehlenden Teile des Daches in Zinkblech eingedeckt, das sich jedoch schnell als zu leicht erwies und daher zwischen 1954 und 1959 wieder durch Blei ersetzt wurde. Nur auf den nördlichen Langhaus-Seitenschiffdächern gibt es noch heute Zinkplatten aus der Zeit um 1946.

Mitte der 80er Jahre präsentierte sich das Hohe Dach als ein Flickenteppich aus Bleiflächen unter-schiedlichen Alters, der kaum mehr einwandfrei abzudichten war. Hinzu kam, daß die 2 mm dünnen und 2 m langen Bleiplatten bei starken Stürmen am unteren Rand immer wieder aufgebogen wurden. Mit der not-wendigen Neueindeckung der Dächer zwischen den beiden westlichen Türmen wurde 1985 eine vollständige Erneuerung aller Dachflächen eingeleitet, die im Bereich der Hochschiffe mit Fertigstellung der Nordseite 1996 abgeschlossen werden konnte *Abb. 30*. Teile des alten Bleidaches wurden als Zifferblätter der sogenann-ten Domuhren recycelt, die bis heute mit großem Erfolg zugunsten des Domes verkauft werden.

Mehrere Gründe sprechen für eine Verwendung von Blei: So läßt sich Blei als das authentische Mate-rial des Mittelalters und des 19. Jahrhunderts nachweisen. Des weiteren verfügt Blei über ein hohes Eigenge-wicht, bleibt aber dennoch leicht zu bearbeiten. Kupfer, das nur bis zu einer Stärke von 0,6 mm verarbeitet werden kann, würde auf den riesigen Flächen in großer Höhe leicht flattern und ist deshalb ungeeignet. Ein

Abb. 30

weiterer Vorteil der Bleideckung liegt in der gleichmäßigen hellgrauen Farbigkeit des Materials. Kupfer würde infolge der Oxidation grün anlaufen und auch Schiefer nähme durch Bemoosung und Algenbesatz eine Grünfärbung an. Vor allem aber wird Blei aufgrund seiner enormen Langlebigkeit bevorzugt.

Das neue Bleidach, das gegenüber seinem 2 mm dicken Vorgänger nur 1 mm stärker ist, bringt ein um die Hälfte größeres Gewicht mit sich, ein entscheidender Punkt für die Sicherheit und Stabilität des Daches. Die jetzt nur noch 1,5 m langen Bleiplatten können selbst bei schwierigen Windverhältnissen nicht mehr durch den entstehenden Luftdruck aufgebogen werden, zumal der untere Rand um 4 cm zu einer 6 mm starken Kante nach hinten umgeschlagen ist.

Kaum ein Nagel durchdringt die sich weit überlappenden und an den Seiten zweifach gefalzten Bleiplatten des Domdaches. Befestigt sind sie über ca. 20 cm lange, angeschweißte Bleilaschen an den Innenseiten, die mit Kupfernägeln in den Fichtenbohlen der Holzschalung verankert sind. Im Gegensatz zur Konstruktion des 19. Jahrhunderts und der Zeit zwischen 1954 und 1959 sind diese Laschen heute nicht mehr straff über die Bretter gespannt, sondern mit großzügigem Spielraum versetzt, damit das ständig arbeitende Blei, das sich bei Hitze ausdehnt und bei Kälte zusammenzieht, nicht einreißt.

Wenn es zu keiner größeren Gewalteinwirkung von außen kommt, hat das neue Bleidach des Kölner Domes beste Chancen, die nächsten Jahrhunderte unbeschadet zu überstehen.

Einhergehend mit der Neueindeckung der Hochschiffdächer wurde auch der 1,35 m hohe Dachkamm aus Zinkguß erneuert. Der 1861 in der Kölner Zinkgießerei Pütz hergestellte Maßwerkkamm wies infolge von Krieg und Verwitterung zahllose Löcher und Risse auf, so daß auch hier immer wieder Wasser in die Dachkonstruktion eindrang.

Daher wurden die einzelnen Teile des Dachkammes in der Mailänder Kunstgießerei Battaglia originalgetreu in Bronze nachgegossen und zwischen 1984 und 1990 auf den Hochschiffdächern montiert. Die galvanisch vergoldeten Lilien, die dem Dachkamm sein mittelalterliches Aussehen zurückgeben, sind nachträglich aufgeschraubt.

Erstmals seit 1882 erstrahlt auch das 8,39 m hohe, aus 11 Bronzegußteilen bestehende Firstkreuz des späten 13. Jahrhunderts wieder in goldenem Gewand *Abb. 31*. Von einem über dem Chorschluß errichteten, 16 m hohen Gerüst aus wurde das hauchdünne Blattgold im Oktober und November 1991 direkt vor Ort aufgetragen.

37

Abb. 31

Abb. 30

Abb. 30

Erneuerung der oberen
Bleibahnen und Abbau
des alten Dachkammes
am Hochschiffdach des
Südquerhauses durch
die Dachdecker Erwin
Woyke, Jan Tanzyna und

Leonhard Kruczek
im Oktober 1988.

Abb. 31

Abb. 31

Mittelalterliches Firstkreuz
auf der Ostspitze des
Chordaches nach seiner
Neuvergoldung im
Dezember 1991.

Mittelalterliche Treppe

An der inneren Giebelwand des nördlichen Querhausarmes erhebt sich eine aus verschieden großen Steinquadern zusammengefügte Treppe, die nach wenigen Stufen ihre Laufrichtung ändert und dann entlang der Wand, der Dachschräge folgend nach oben führt, um schließlich auf halber Höhe zu enden *Abb. 32*. Von hier aus führt lediglich eine Metalleiter weiter hinauf zu den modernen Laufstegen in den oberen Regionen des eisernen Dachstuhles.

Diese ein wenig befremdlich anmutende Konstruktion, die nicht gerade den Eindruck einer ursprünglichen Situation erweckt, erklärt sich aus der Tatsache, daß die gesamte Treppenanlage aus einem völlig anderen Zusammenhang stammt und erst 1988 an ihren heutigen Standort versetzt wurde. Schon das Baumaterial, Drachenfelstrachyt, verrät die Zugehörigkeit zum mittelalterlichen Baubestand des Domes.

Dachstühle und Galerien des Domes sind heute bequem mit dem Aufzug *Abb. 33* oder durch kleine Wendeltreppenhäuser zu beiden Seiten der Querhausfassaden *Abb. 34* und in den beiden westlichen Türmen erreichbar. Im mittelalterlichen Domtorso bestanden diese Zugangsmöglichkeiten jedoch noch nicht.

Über eine Wendeltreppe in der Nordostecke der Kreuzkapelle und ihr Pendant in der Marienkapelle waren zunächst nur die Dachstühle der Chorkapellen und das Triforium zu erreichen. Innerhalb des Triforiums der Nordchorwand führten unmittelbar vor der provisorischen westlichen Abschlußwand ein paar Stufen zum Ansatz der Fenster hinauf. Durch eine Tür in der vorletzten Maßwerkbahn nahm der weitere Aufstieg seinen Weg hinaus ins Freie. Hier, im Winkel zwischen Chor und Nordquerhaus, begann die mittelalterliche Außentreppe und führte ca. 6 m hinauf zur Abschlußgalerie des Triforiums am Fuße der Obergadenfenster *Abb. 35*. Über eine steinerne Wendeltreppe an der Außenseite des nordöstlichen Vierungspfeilers, die bereits 1856 abgebrochen worden war, konnte schließlich die Dachgalerie des Chores erreicht werden. Da auch die Stufen im Laufgang des Triforiums bereits im 19. Jahrhundert beseitigt worden waren, hat nur die Außentreppe die Zeiten überdauert.

Der schlechte Erhaltungzustand der Treppe – ca. 80 % der Quader hätten bei einer Instandsetzung vor Ort erneuert werden müssen – vor allem aber die Tatsache, daß die Treppe am Maßwerk des Triforiums verankert war und dieses nach außen zog, führten zu der Überlegung, die Treppe an ihrem angestammten Platz vollständig abzutragen, um sie an geschützter Stelle originalgetreu wiederaufzubauen. Auf diese Weise konnten auch die durch den Bau der Treppe zugesetzten Triforiumsfenster wieder geöffnet werden.

Nachdem ein steingerechtes Aufmaß erstellt und jeder Steinquader beim Abbruch numeriert worden war, fand die Treppe 1988 an ihrem heutigen Standort Aufstellung.

Abb. 32   *Abb. 33*   *Abb. 34*   *Abb. 35*

Abb. 32

Abb. 32

Mittelalterliche Bautreppe
nach ihrer Versetzung an
die innere Giebelwand
des Nordquerhauses.

Abb. 33

Abb. 33

Fahrkorb des 1973 im
Winkel zwischen Lang-
haus und nördlichem
Querhaus errichteten
Alimak-Bauaufzugs in
Höhe der obersten
Gerüstebene (45 m).

Abb. 34 / 35

Abb. 34

Blick in das Gewölbe
des westlichen Treppen-
turmes der Südquerhaus-
fassade.

Abb. 35

Mittelalterliche Bautreppe
an ihrem ursprünglichen
Standort im Winkel
zwischen Chor und Nord-
querhaus.

Vierungsturm

Da der Bereich der Vierung in mittelalterlicher Zeit nicht vollendet wurde, prangte auf dem hohen Dach des Chores ein zierlicher, vergoldeter gotischer Dachreiter für die Glocken, dessen Aussehen auf älteren Stadtansichten überliefert ist *Abb. 36*. 1744 in barocken Formen erneuert *Abb. 37*, mußte der hölzerne Dachreiter 1811 schließlich wegen Baufälligkeit bereits wieder abgebrochen werden. Die Errichtung eines Turmes über der Vierung gehörte somit zu den besonders spannenden neuen Bauaufgaben der Domvollendung.

Mit dem fortschreitenden Weiterbau des Domes im 19. Jahrhundert entspann sich daher schnell auch eine Diskussion um die Gestaltung des Vierungsturmes. In seinen antizipierten Vollendungsansichten des Domes hatte Sulpiz Boisserée 1821 noch einen massiven Turmbau in Stein vorgesehen. Realisiert wurde letztendlich aber eine bedeutend schlankere Turmlösung aus Eisen nach einem Entwurf von Ernst Friedrich Zwirner, nicht zuletzt wohl auch deshalb, weil sich hieraus eine geringere Belastung für die bereits im 13. Jahrhundert entstandenen östlichen Vierungspfeiler ergab *Abb. 38*.

Mit dem Bau des Vierungsturmes wurde die Kölnische Maschinenbau AG in Bayenthal beauftragt, die als Sieger aus der öffentlichen Ausschreibung hervorgegangen war. In nur einem Jahr, zwischen Oktober 1859 und September 1860, wurden die zum Teil auch im Puddel- und Walzwerk der Phönix AG für Bergbau und Hüttenbetrieb in Eschweiler-Aue gefertigten Profile geliefert und vor Ort montiert. Die Substruktion des Turmes bilden acht, aus mächtigen Sockelmanschetten schräg emporwachsende, gußeiserne Rohre, die untereinander waagerecht und diagonal verstrebt sind *Abb. 39 und 40*. Sie enden an der Plattform des ersten Turmgeschosses. Von dieser Höhe an besteht der eigentliche, polygonale Turmbau aus acht filigran wirkenden Hauptstützen, die aus starken Walzeisenblechen zusammengenietet sind. Auch die 31 m hohe Turmspitze ist eine Walzeisenkonstruktion.

Von der ehemals prachtvollen, zumeist aus Zinkguß gearbeiteten, neugotischen Dekoration des Vierungsturmes mit Wimpergen, Fialtürmchen und Maßwerkarkaden blieben nach den Zerstörungen des Zweiten Weltkrieges nur wenige Reste erhalten *Abb. 41*. Der moderne Wiederaufbau mit einer Bleiverkleidung erfolgte zwischen 1961 und 1973 nach Entwürfen von Willy Weyres. Seit dieser Zeit zieren acht gewaltige Engelfiguren des Bildhauers Erlefried Hoppe die Pfeiler des Freigeschosses *Abb. 42*. Ihre Flügel fügen sich oberhalb des Helmansatzes zu kleinen Giebeln zusammen. Die kupferne Kreuzblume auf der Spitze stammt ebenso wie der bekrönende goldene Stern von Bethlehem noch aus der Entstehungszeit des Vierungsturmes.

Im Inneren des Dachstuhles führte ursprünglich eine 1860 errichtete, im unteren Bereich zweiläufige Holztreppe zum ersten Turmgeschoß hinauf *Abb. 43*, die allerdings 1973 aus Sicherheitsgründen abgebrochen werden mußte und durch die heutige Stahltreppe ersetzt wurde.

Abb. 36 *Abb. 37* *Abb. 38* *Abb. 39* *Abb. 40*

Von der ersten Plattform gelangt man über eine gußeiserne Wendeltreppe von 1882/83 *Abb. 44* durch das erste Geschoß und den darüberliegenden Glockenstuhl auf die Aussichtsplattform des Vierungsturmes. Trotz des dekorativen Erscheinungsbildes der Treppe – ihr Geländer zeigt eine Verbindung gotischer Maßwerkformen mit einem bewegten Ornament aus Blüten und Blattranken – lag auch ihr schon damals eine serienmäßige industrielle Produktionsweise zugrunde. Die einzelnen Stufen wurden ebenso wie alle Geländerteile in Serie gegossen und mit deutlich sichtbaren Schrauben und Muttern montiert.

Der erst 1981/82 errichtete Glockenstuhl des Vierungsturmes birgt ein kleines Geläut des frühen 14. Jahrhunderts, das aus jenen beiden Glocken besteht, die sich ursprünglich im Dachreiter des Chordaches befanden. Dieses mittelalterliche Geläut wurde 1990 um die barocke Mettglocke von 1719 ergänzt.

Von der knapp 70 m hohen Aussichtsplattform, deren Brüstung noch aus den originalen Zinkgußmaßwerken des 19. Jahrhunderts besteht, bietet sich ein einzigartiger Rundblick auf Dom und Stadt *Abb. 45*. Hier befindet sich auch auf einem kleinen eisernen Tisch, von einer Schutzvorrichtung aus Blei verdeckt, der Trigonometrische Punkt der Europäischen Gradmessung von 1867 *Abb. 46*.

Schon seit 1803 diente der Kölner Dom wohl aufgrund seiner die gesamte Rheinebene beherrschenden Höhe als Ziel- und Standpunkt für weiträumige Vermessungen. Lag der Vermessungspunkt in französischer Zeit noch auf der Laterne des barocken Chordachreiters, so wurde er nach dessen Abbruch 1811 zum großen Firstkreuz des Chordaches verlegt. Im Rahmen der preußischen Katastervermessung für die Rheinprovinz und Westfalen wurden nach 1824 alle Koordinaten einheitlich auf den Kölner Dom als Nullpunkt bezogen. Ein 1860/61 auf dem unvollendeten Südturm errichteter neuer Beobachtungspfeiler mußte 1867 bereits wieder dem weiteren Ausbau der Türme weichen. Daher wurde auf dem wenige Jahre zuvor vollendeten Vierungsturm schließlich ein eiserner Beobachtungstisch mit zentralem Meßpunkt errichtet. Dieser Stationspunkt blieb bis 1891 verbindlich, wurde dann aber durch die Spitze des Vierungsturmes abgelöst.

Auch heute noch ist der Kölner Dom im Rahmen der Landesvermessung ein trigonometrischer Punkt erster Ordnung mit dem goldenen Stern auf dem Vierungsturm als Zentrum und 32 weiteren Stationspunkten, zu denen neben den Spitzen der beiden westlichen Domtürme auch der Meßpunkt auf dem eisernen Beobachtungstisch des Vierungsturmes gehört.

Die neuen Vermessungsverfahren mit Satelliten mindern allerdings die Bedeutung des Kölner Domes als Vermessungspunkt.

Abb. 41   *Abb. 42*   *Abb. 43*   *Abb. 44*   *Abb. 45*   *Abb. 46*

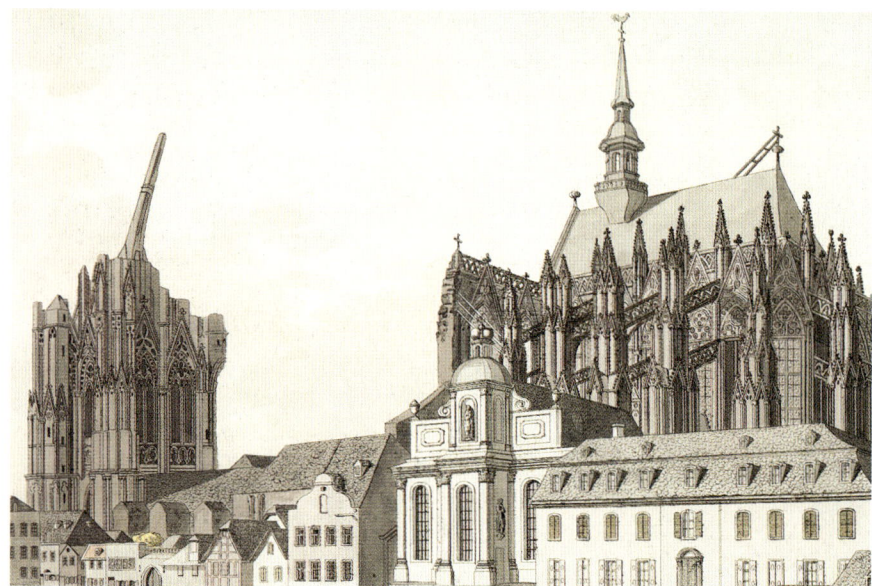

Abb. 36 / 37

Abb. 38

Abb. 36	*Abb. 37*	*Abb. 38*		*Abb. 39*
Gotischer Dachreiter des Domchores, Ausschnitt aus dem Prospekt der Stadt Köln von Anton Woensam 1531.	Barocker Dachreiter des Domchores, Ausschnitt aus einem kolorierten Kupferstich des Domes nach einer Zeichnung von Laurenz Jantscha, gestochen von Johannes Ziegler, 1798.	Neugotischer Vierungsturm, Ausschnitt aus einem Foto des Domes vom 23. Mai 1863.		Unterbau des Vierungsturmes von Süden.

Abb. 39

Abb. 40 / 41

Abb. 42

48

Abb. 43

Abb. 40

Sockelmanschette einer
Stütze des Vierungturmes
mit originalem Schraub-
schlüssel aus Schmiede-
eisen (Länge 1,76 m).

Abb. 41

Wasserspeier vom
ehemaligen Zinkdekor
des neugotischen
Vierungsturmes.

Abb. 42

Engel am Helmansatz
des Vierungsturmes,
Lärchenholz mit Blei
verkleidet, Erlefried
Hoppe 1964–1967.

Abb. 43

Unterbau des Vierungs-
turmes mit der 1973
abgebrochenen zweiläufi-
gen Holztreppe von 1863.

Abb. 44

Abb. 44

Gußeiserne Wendeltreppe
von 1882/83 im ersten
Geschoß des Vierungs-
turmes.

Abb. 45

Abb. 46

Abb. 45

Blick vom Vierungsturm
über das Chordach mit
dem goldenen Firstkreuz
nach Osten.

Abb. 46

Eiserner Beobachtungs-
tisch mit dem trigonome-
trischen Punkt der
europäischen Gradmes-
sung von 1867 auf der
Aussichtsplattform des
Vierungsturmes.

Wasserableitung

>Steter Tropfen höhlt den Stein< besagt eine alte Volksweisheit. Eine entsprechende Erkenntnis dürfte bereits die Baumeister der großen gotischen Kathedralen dazu bewogen haben, eigene Systeme zur Ableitung des auf die Dachflächen auftreffenden Regenwassers zu entwickeln. Diese wurden von Anfang an mit der Architektur zusammen geplant und nicht der bestehenden Architektur nachträglich zugefügt.

In den mittelalterlichen Teilen des Domes, d. h. vor allem im Bereich des Chores, wurde das von den steilen Bleidächern ablaufende Wasser zunächst in einer umlaufenden, begehbaren Steinrinne auf der Mauerkrone des Chorobergadens aufgefangen *Abb. 47 und 48.* Dort war jeweils am Ansatz der 14 Strebesysteme ein Abfluß in Form eines geschlossenen Steinrohres vorhanden, so daß das Wasser unter den Fialtürmen der Dachgalerie hindurch zur Rinne auf dem Rücken der oberen Strebebögen lief. Diese Rinne war durch den Krabbenbesatz auch nach oben geschlossen und somit vor direkter Verunreinigung geschützt. Entlang der mittleren Strebepfeiler wurde das Wasser dann in offenen Fallrinnen, die lediglich aus Einkerbungen in den Winkeln der kreuzförmigen Pfeiler bestehen, 20 m senkrecht nach unten geleitet *Abb. 47.* Von den Auffängern am Pfeilerfuß gelangte das Wasser schließlich zu den Außenrinnen und Wasserspeiern an den äußeren Strebepfeilern, um dann im freien Fall zum Erdboden geleitet zu werden, möglichst ohne dabei erneut auf das Mauerwerk zu treffen. Obwohl dieser Zustand der Wasserableitung bereits im 19. Jahrhundert verändert wurde, sind die Wasserspeier im Bereich des Chores nach wie vor in Aktion *Abb. 49.*

Fallen außergewöhnlich große Wassermengen an, steht zusätzlich ein durch Dombaumeister Hertel angelegtes, komplexes System von Rückstaubecken, Überlaufrinnen und Nebenwasserspeiern zur Verfügung.

Die Belichtung der Triforiumsfenster macht vor allem bei den Seitenschiffen von Lang- und Querhaus eine Satteldachkonstruktion erforderlich, die im Gegensatz zu einer klassischen Pultdachlösung Wassermassen zur Hochschiffwand des Domes zurückleitet. Diese werden in einer begehbaren Rinne zwischen der Dachtraufe der Seitenschiffe und der Außenwand des Domes aufgefangen. Quer dazu verlaufende offene Rinnen, die unter dem Dachstuhl entlang geführt sind, leiten das Regenwasser schließlich wieder zur Außenseite zurück *Abb. 50.* Um im Falle einer Störung eine Durchnässung der Gewölbe zu verhindern, wurden bereits 1885 durch Richard Voigtel im Chor und 1987/88 durch Arnold Wolff auch im Bereich der Langhaus-Seitenschiffe nach außen geneigte Zwischendecken eingezogen. In den Bauteilen des 19. Jahrhunderts erfolgt die Wasserableitung der Hochschiffdächer nicht mehr über das Strebesystem und seine Wasserspeier, sondern über Fallrohre, die in den Winkeln zwischen Lang- und Querhaus bzw. zwischen Langhaus und Turm liegen. Die figürlichen Wasserspeier an den äußeren Strebepfeilern haben daher in diesen Bereichen des Domes ihre Funktion nie ausgeübt. Sie sind rein dekorativer Natur, da auch hier weitere Fallrohre das Wasser über die letzten 20 m nach unten ableiten.

Abb. 47   Abb. 48   Abb. 49   Abb. 50

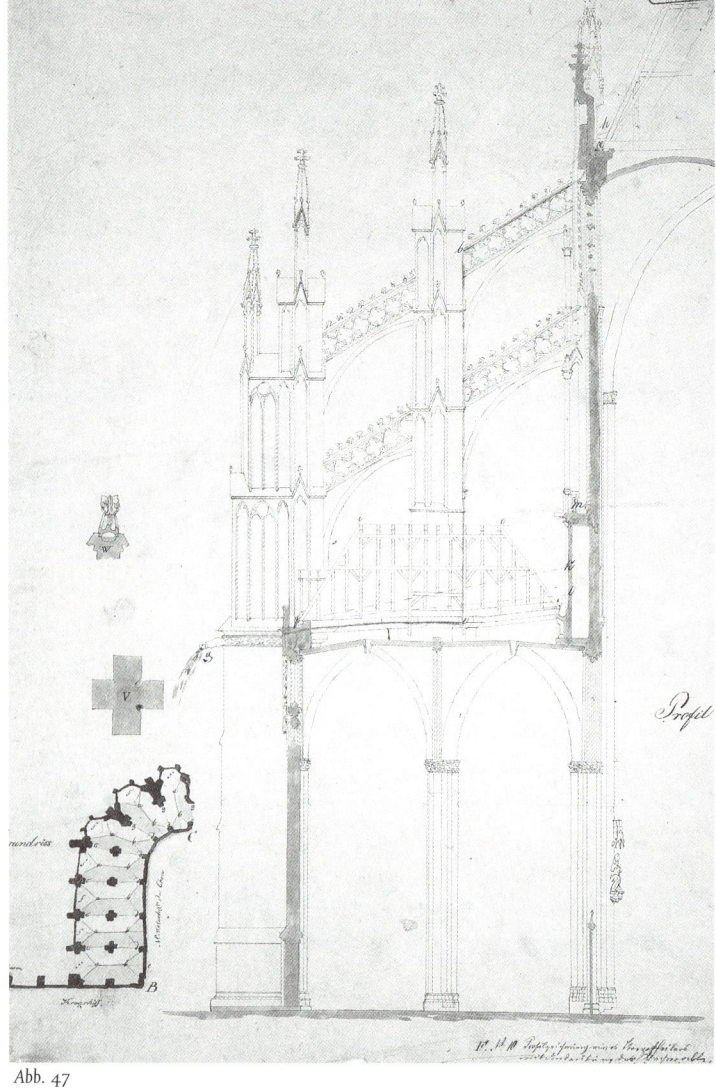

Abb. 47

Abb. 48

Abb. 47

Schema der Wasserablei-
tung an einem Strebe-
pfeiler des Chores, lavierte
Federzeichnung von Karl
Friedrich Schinkel, 1816.

Abb. 48

Dachgalerie des Chores
mit der durch Lochbleche
abgedeckten Regenrinne
auf der Mauerkrone des
Chorobergadens.

Abb. 49

Abb. 50

Abb. 49

Wasserspeier an der
Südseite des Chores
in Funktion.

Abb. 50

Steinrinne zur Ableitung
des Wassers unter den
Dächern der Seitenschiffe.
Durch die geöffnete Tür
sind die Fenster des
Triforiums zu sehen.

Gewölbebau

In den Jahren 1943/45 trafen 14 schwere Flugbomben und 19 Artilleriegranaten den Kölner Dom. Hierbei kam es vor allem bei den Gewölben zu größeren Schäden. Allein 12 der insgesamt 22 Hochschiffgewölbe stürzten völlig ein *Abb. 51.* Das gewaltige Vierungsgewölbe wurde stark beschädigt. Hingegen blieben die mittelalterlichen Gewölbe im Chor *Abb. 52* und in den westlichen Jochen der nördlichen Seitenschiffe glücklicherweise weitgehend unversehrt. Bereits im Mai 1956 waren alle Gewölbe wieder eingezogen.

Vom Dachstuhl aus gesehen erwecken die auch an ihrer Oberseite verputzten Gewölbekappen bei Besuchern vielfach den Eindruck von gegossenen Betonschalen, doch sind alle Gewölbe des Domes aus einer Vielzahl einzelner Steine gemauert.

Im Mittelalter wurde für den Gewölbebau des Kölner Domes überwiegend Tuffstein verwendet, ein Vulkangestein, das aus den nahegelegenen Steinbrüchen der Eifel beschafft werden konnte und für den Bau von Gewölben beste Voraussetzungen bot. Der Stein ist einfach zu bearbeiten und aufgrund seiner hohen Zahl an Lufteinschlüssen zudem sehr leicht.

Gemauert wurden die Gewölbe über hölzernen Lehrgerüsten, die die gesamte Gewölbefläche formgerecht unterschalten, also gewissermaßen ein eigenes Holzgewölbe bildeten. Die Stärke der mittelalterlichen Gewölbe verringert sich von 65 cm am unteren Rand auf 45 cm im Scheitel. In aller Regel war vorher bereits der Dachstuhl errichtet und das Dach gedeckt, um im Trockenen mauern und das Baumaterial mit Flaschenzügen an den Balken des Dachstuhls hinaufziehen zu können.

Auch Dombaumeister Zwirner verwendete zum Bau der Hochschiffgewölbe in Lang- und Querhaus Tuffstein. 18.000 kleine und 110.000 große, in Ziegelform bearbeitete Tuffsteinblöcke wurden hierzu aus Weibern in der Eifel geliefert. Für die bereits zuvor, zwischen 1843 und 1846, eingezogenen Seitenschiffgewölbe hatte Zwirner allerdings rote Feldbrandziegel verwendet. Von den Zimmerleuten der Hütte wurden Lehrbogen für die Diagonalrippen erstellt, an deren Schnittpunkt eine Aussparung für den Schlußstein belassen wurde. War zunächst der Schlußstein verankert, konnten die einzelnen Werkstücke der Gewölberippen auf dem Lehrbogen von unten nach oben versetzt werden. Die Fugen wurden mit flüssigem Blei vergossen. Erst dann wurden Reihe für Reihe die eigentlichen Gewölbekappen aus freier Hand, d. h. ohne Lehrgerüst aufgemauert.

Entsprechend der Länge der Ziegel weisen die Gewölbekappen des 19. Jahrhunderts eine Stärke von ca. 23 cm auf. Am 12. Juni 1862 war das erste Kreuzrippengewölbe des Mittelschiffs eingezogen, schon am 22. September 1863 ist, nachdem auch die mittelalterliche Trennwand gefallen war, das Innere des Domes vollendet gewesen. Zwei Tage vor der feierlichen Weihe des kathedralen Innenraumes, die ganz bewußt am Geburtstag Friedrich Wilhelms IV. stattfinden sollte, legte dessen Bruder und Nachfolger Wilhelm I. am 13. Oktober 1863 die

Abb. 51

Abb. 52

Vollendungsurkunde in den Schlußstein des Vierungsgewölbes. Hierauf verweist auch die lange Inschrift auf dem äußeren Rand des an der Oberseite weit über das Gewölbe hinausragenden Schlußsteinrings der Vierung *Abb. 53 und 54:*

Consumpta incendio ecclesia antiqua Conradus de Hochstaden aeps huius templi fundamenta iecit a.D. M.CC.XLVI-II. die assumptionis B. M. V. Chorum a.D. MCCC.XX absolutum Henricus de Virnenburg aeps consecravit. Ecclesiae structura primum magno studio continuata saec. XVI. ineunte desiit. Post tria saecula templi exaedificandi societate per universam Germaniam inita a.D. M.D.CCC.XLII. pridie Non. Sept. adstantibus Protectore Rege Friderico Guilelmo IV. plurimisque Germanorum principibus Joannes de Geissel aeps Icon. Clementis Augusti de Droste-Vischering aepi Coadjutor Eccl. Colon. Administrator Apticus fundamentum posuit portae australis. Nova ecclesiae parte iam a.D. M.D.CCC.XLVIII. die B. M. V. assumptae solemniter divino cultui dedicata E. F. Zwirneri maxime architecti industria tota aedes exeptis turribus absoluta est Protectore Rege Guilelmo I. Joanne S. R. E. Presb. Card. de Geissel aepo a.D. M.D.CCC.LXIII. id. Oct. Pontif. Pii. IX. Papae a. XVIII.

»Nachdem die alte Kirche durch Brand verzehrt worden war, legte Erzbischof Conrad von Hochstaden das Fundament dieses Tempels im Jahre des Herrn 1248 am Tage der Aufnahme der seligen Jungfrau Maria. Den im Jahre des Herrn 1320 vollendeten Chor weihte Erzbischof Heinrich von Virneburg. Der Bau der Kirche, im Anfang mit großem Eifer betrieben, ließ zu Beginn des 16. Jahrhunderts nach. Nach drei Jahrhunderten wurde eine Gesellschaft zum Bau des Tempels in ganz Deutschland ins Leben gerufen und legte im Jahre des Herrn 1842 am Vortage der Nonen des September in Anwesenheit des Schutzherren, des Königs Friedrich Wilhelm IV. und der meisten Fürsten Deutschlands der Erzbischof Johannes von Geissel, des unbeugsamen Erzbischofs Clemens August von Droste-Vischering Coadjutor und ernannter Verwalter der Kirche von Köln, das Fundament der südlichen Pforte. Der neue Teil der Kirche wurde bereits im Jahre des Herrn 1848 am Tage der Aufnahme der seligen Jungfrau Maria feierlich dem Gottesdienst übergeben. Durch den Eifer des obersten Architekten E. F. Zwirner wurde das ganze Gebäude mit Ausnahme der Türme vollendet unter der Schirmherrschaft des Königs Wilhelm I., des Erzbischofs Johannes von Geissel, der Heiligen Römischen Kirche Kardinalpriester, im Jahre des Herrn 1863 in den Iden des Oktober im 18. Jahre des Pontifikates des Papstes Pius IX.« (A. Wolff)

Tuffstein aus Weibern oder aus dem Bauschutt kriegszerstörter Häuser ist auch das Baumaterial der nach 1945 neu eingezogenen Langhausgewölbe. Vereinzelt wurde allerdings auch Trachyt verwendet.

1997/98 wurden 81 der insgesamt 92 Gewölbe des Domes mit einem einheitlichen neuen Kalkanstrich versehen. Mit 14 x 14 m ist das Gewölbe über der Vierung das größte des Domes.

Abb. 53   *Abb. 54*

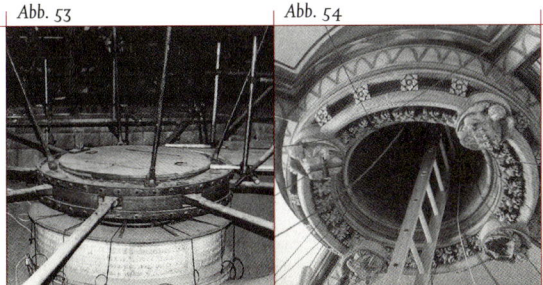

Die steinernen Gewölbe des Domes bilden in erster Linie einen brandsicheren oberen Raumabschluß, gewissermaßen die Decke des Innenraumes. Sie sind jedoch nicht darauf ausgelegt, größere zusätzliche Lasten aufzunehmen. So ist es beispielsweise nicht möglich, Gerüste für anfallende Instandsetzungsarbeiten am Gewölbe selbst aufzuhängen, sie müssen oberhalb der Gewölbe am Dachstuhl verankert werden. Hierzu gab es bereits im Mittelalter kleine runde Öffnungen in den Gewölbekappen, durch die bei Bedarf Seile für eine entsprechende Befestigung gezogen werden konnten. Verschlossen sind diese, auch heute noch in allen Gewölben vorhandenen Löcher vorwiegend durch flache, kaum wahrnehmbare Zinkblechkappen, die an der Oberseite der Gewölbe mit kleinen Hölzchen gehalten werden. Die ca. 360 Verschlußkappen im Chorgewölbe, die als sechszackige vergoldete Sterne gestaltet sind, lassen den heutigen Dombesucher noch erahnen, wie plastisch einst den Pilgern im Chor des Kölner Domes das Himmelsgewölbe vor Augen gestanden haben muß *Abb. 55.*

Abb. 55

Abb. 51

Blick in die kriegszerstörten Gewölbe des nördlichen Querhauses, Foto vom 29. Juni 1943.

Abb. 51

Abb. 52/53

Abb. 52	*Abb. 53*
Blick auf das um 1300 vollendete Gewölbe des Chorhauptes.	Spannring unter dem Vierungsturm und oberer Rand des Schlußrings der Vierung mit Inschrift von 1863.

Abb. 54/55

Abb. 54

Schlußring im Vierungs-
gewölbe des Domes mit
vier Wappenengeln.

Abb. 55

Blick in die Gewölbe der
Marienkapelle mit vergol-
deten Sternen als Ver-
schlußkappen der für den
Bauunterhalt notwendigen
Gewölbelöcher.

Gerüstbau

Zu den besonderen Leistungen der Domvollendung im 19. Jahrhundert gehört sicher auch der Gerüstbau in zum Teil schwindelerregenden Höhen. Im Jahre seiner Vollendung 1880 war der Kölner Dom mit seinen über 157 m hohen Türmen das höchste Bauwerk der Welt. Dementsprechend hatte es bisher auch keine Gerüste in solcher Höhe gegeben. Nie zuvor hatten Menschen in dieser Höhe gearbeitet und Steine versetzt.

Erste Fotos des gerade vollendeten Domes zeigen beide Türme ab dem dritten Obergeschoß kastenartig eingebunden in eine Art Fachwerkkonstruktion aus unzähligen Kanthölzern, stabilisiert mit eisernen Rundstangen für die Zugkräfte, ein Wunderwerk der Gerüstbaukunst von ganz eigener Ästhetik, das – so will es die Legendenbildung – Hochhausarchitekten aus der Neuen Welt an den Rhein lockte *Abb. 56*. Die einzelnen, zum Teil bis zu 12 m langen Kantholzbalken aus Tannenholz, die auf dem Wasserweg aus dem Schwarzwald nach Köln gelangten, waren nur in den oberen Teilen der Helmgerüste mit Verstärkungen aus Eisen versehen.

Schon 1869 arbeiteten bis zu 90 Menschen auf den Turmgerüsten, und ihre Zahl sollte stetig weiter ansteigen. Die hier tätigen Zimmerleute, Steinmetzen und Handlanger bildeten nach einiger Zeit eine Art Betrieb im Betrieb. Frühstücks- und Kaffeepausen mußten auf dem Gerüst abgehalten werden, denn der lange Abstieg über 60 bis 100 m nach unten hätte zuviel Zeit in Anspruch genommen. Daher wurde vor Ort Kaffee gekocht und auch die eine oder andere kleine Mahlzeit zubereitet. Um allerdings der zunehmenden Verunreinigung besonders abgelegener und nicht gut einsehbarer Bauteile entgegenzuwirken, entwarf Dombaumeister Voigtel sogenannte Abtrittswagen, gewissermaßen fahrbare Toiletten auf drei Rädern mit einer herausnehmbaren Tonne. Aber auch andere Dinge des menschlichen Lebens wurden gelegentlich auf dem Gerüst ausgetragen. So wurden 1870 die beiden Handlanger Jacob Petermann und Wilhelm Nußbaum wegen einer Schlägerei auf dem Gerüst entlassen.

Die Hölzer der erst zwei Jahre nach der Domvollendung vollständig abgebauten Turmgerüste des Kölner Domes entwickelten sich indes zu einem regelrechten Verkaufsschlager. Die unerwartet großen Einkünfte aus diesem erfolgreichen Verkauf kamen dem Dombaufonds zugute.

Seit einigen Jahren haben die Turmgerüste des 19. Jahrhunderts moderne Nachfolger gefunden. In einer Höhe von über 100 m wurde im Juni 1996 an der Südwestecke des Nordturmes mit dem Bau einer 7 m vorkragenden und 9 m breiten Plattform begonnen, die mit Stahlseilen an den steinernen Querstreben des maßwerkdurchbrochenen Turmhelmes verankert wurde *Abb. 57*. Von hier aus wurde das Gerüst Stück für Stück bis auf die 70-Meter-Ebene hinabgeführt. Im September 1997 konnte die ca. 33,5 m hohe Konstruktion aus Aluminiumfertigteilen mit ihren drei massiven Arbeitsebenen aus Stahlrohrgerüsten fertiggestellt werden *Abb. 58*. Alle Arbeiten wurden von den Gerüstbauern der Dombauhütte ausgeführt.

Abb. 56

Abb. 57

Das Gerüst, das inzwischen ein Pendant erhalten hat, wurde notwendig, nachdem an einigen der 32 überlebensgroßen Engelfiguren in den Baldachinen der großen Fialtürme vor dem dritten Obergeschoß der Türme größere Schäden aufgetreten waren. Zuletzt waren hier noch im Juni 1997 Teile eines Flügels abgebrochen und in die Tiefe gestürzt. Die um 1875 von Peter Fuchs in französischem Kalkstein gehauenen Engel stellten somit eine gewisse Gefährdung dar, weshalb sie zunächst von ihren derzeitigen Standorten entfernt werden müssen. Hierzu werden die 2,80 m hohen Engel vor Ort in jene beiden Blöcke zerlegt, aus denen sie zusammengesetzt sind *Abb. 59.* Nach einer Kunststoffvolltränkung bei der Firma Ibach in Scheßlitz bei Bamberg kehren die Engel wieder an ihren angestammten Platz zurück.

Von den Turmgerüsten aus bietet sich erstmals aber auch die Möglichkeit, die eisernen Dübel zwischen den einzelnen Steinteilen wie auch die aus Schmiedeeisen gefertigten Anker, mit denen die Fialen am oberen Ende mit dem Bauwerk verbunden werden, durch neue Teile aus rostfreiem Stahl zu ersetzen, um weitere, durch Rostsprengungen hervorgerufene Schäden am Steinmaterial zu verhindern.

Abb. 58

Abb. 59

Abb. 56

Abb. 56

Ansicht der Domfassade
von Nordwesten mit
Turmgerüsten, Foto von
J. H. Schönscheidt, 1880.

Abb. 57

Abb. 58

Abb. 59

Abb. 57	Abb. 58	Abb. 59		
Aufbau der obersten Gerüstebene am Nordturm im September 1996 durch die Gerüstbauer Jürgen Klink, Jörg Schiffbauer, Gerhard Wilk und Wolfgang Schmitz.	Hängegerüst am Nordturm nach der Fertigstellung im September 1997.	Die Steinmetzen Harald Hilger, Richard Michels und Hubert Hilger mit der oberen Hälfte eines abgebauten Engels aus den Tabernakeln der Turmobergeschosse.		

Preußischer Adler

Als Kaiser Wilhelm I. am 15. und 16. Oktober 1880 im Rahmen der allgemeinen Vollendungsfeierlichkeiten den Kölner Dom besuchte und vor einem festlich geschmückten Pavillon auf dem Domhof eine feierliche Ansprache hielt, prangte mitten auf dem beide Turmspitzen umfangenden Gerüst als Wappentier Preußens und des Reiches ein gewaltiger Adler. Festgehalten ist diese Situation auf einer von der Kunstanstalt Adolf Wallraf jr. herausgegebenen Farblithographie der Feier zur Domvollendung mit dem Titel »Huldigung Friedrich Wilhelms IV.« *Abb. 60.*

Ob das monumentale preußische Wappentier erst zur Domvollendung geschaffen wurde oder schon bei früheren Feierlichkeiten Verwendung fand, ist nicht mehr zu klären. Im Rahmen einer Reinigung des Adlers 1979 wurde in einer Öffnung im Bereich der Schwanzfedern ein Zettel mit der Aufschrift »Joseph Schmitz Zimmermann aus Frechen, den [1]5. Oktober 1880« entdeckt. Jener Joseph Schmitz war von 1877 bis 1881 als Schreiner in der Dombauhütte tätig. Vermutlich hat er den Adler für die Dombaufeier von 1880 instandgesetzt und auf dem Gerüst montiert. Entstanden ist der Adler offenbar aber schon zu einem früheren Zeitpunkt, denn 1880 wußte Dombaumeister Voigtel zu berichten, daß bei der Grundsteinlegung am 4. September 1842 der erste Stein für den Weiterbau bereits mit einem Adler feierlich auf den unvollendeten Südturm gezogen worden sei. Eine kolorierte Lithographie zur Erinnerung an die Grundsteinlegung von 1842, die nach einer Zeichnung von Georg Osterwald entstand, zeigt denn auch den mit Fahnen dekorierten Ausleger des mittelalterlichen Baukrans auf dem Südturm mit einem Adler an seiner Spitze *Abb. 2.*

Es ist daher anzunehmen, daß der Adler von 1842 für die Festlichkeiten 1880 lediglich restauriert oder überarbeitet wurde, um ihn ein weiteres Mal verwenden zu können.

Seine Aufstellung in großer Höhe bedingt die gewaltigen Ausmaße. Der aus Holz geschnitzte, mit Eisenbeschlägen versehene und aus mehreren Teilen zusammengesetzte Adler ist ca. 2 m hoch und weist eine Spannweite von 5,20 m auf. Sein Gefieder ist schwarz gefaßt, Schnabel und Fänge sind gelb hervorgehoben.

Heute ziert der monumentale Adler, der bereits auf verschiedenen Ausstellungen in Köln und Berlin zu sehen war, die Innenseite der vor 1862 errichteten provisorischen Giebelwand des Langhauses *Abb. 61.*

Abb. 60   *Abb. 2*   *Abb. 61*

Abb. 60

Abb. 61

Seilwinden und Versetzwagen

Daß die Vollendung des Kölner Domes letztendlich nur 38 Jahre in Anspruch nahm, ist sicher auch der Tatsache zu verdanken, daß sich Dombaumeister Zwirner mit Beginn des Weiterbaus die Errungenschaften der modernen Technik zunutze machte.

Um große Lasten an den verschiedensten Stellen des Dombaus in die Höhe zu befördern und somit Baumaterial an den Ort der Verwendung zu bringen, setzte Zwirner beim Bau der Querhausfassaden schon seit 1843 einen ersten Versetzwagen bzw. Laufkran ein. Diese erst wenige Jahre zuvor durch den Schweizer Ingenieur Johann Georg Bodmer entwickelte und zum Einsatz gebrachte Technik einer mobilen Zugvorrichtung bestand im wesentlichen aus drei Komponenten, von denen jede für die Bewegung in eine Richtung zuständig ist. Der untere Wagen, der auf Schienen über die Baugerüste geführt wurde und am Dom eine Breite von bis zu 15 m erreichte, konnte beispielsweise in der Länge über den gesamten Dombau bewegt werden. Quer auf ihm verlief die sogenannte Laufkatze, wodurch bereits jeder Punkt einer entsprechenden Gerüstebene erreicht werden konnte. Die auf der Laufkatze befindliche Seilwinde sorgte für den Hub *Abb. 63.*

Ständig weiter entwickelte, verschieden große Versetzwagen konnten nun auf den unterschiedlichen Gerüsten über entsprechende Schienensysteme frei bewegt werden. Alle am Dombau eingesetzten Versetzwagen wurden über eiserne Greifräder zunächst von Hand angetrieben.

Zum Aufziehen der schweren Eisenteile für den Bau von Vierungsturm und Dachstuhl wurde 1857 eine Winde mit einem Hebevermögen von 120 Zentnern (6.000 kg) in Auftrag gegeben. Diese anschließend noch bis 1880 am Nordturm eingesetzte Maschine ist heute im Kölnischen Stadtmuseum ausgestellt.

In der Dachwerkstatt zwischen Nord- und Südturmhalle im zweiten Obergeschoß hat sich die mit 7.000 Pfund (3.500 kg) schwerste Kabelwinde des Dombaus erhalten *Abb. 62.* Zum Aufrichten des Vierungsturmes von der Kölnischen Maschinenbau AG konstruiert, übernahm Dombaumeister Voigtel 1863 die mächtige Maschine in den Bestand des Domes, um nach Schließen aller Hauptschiffgewölbe nun im Westen eine Aufzugsmöglichkeit für sperrige Gegenstände zu schaffen. Daher wurde die große Kabelwinde zunächst über dem westlichsten Hochschiffgewölbe aufgestellt. Als 1879 auch die Gewölbefelder zwischen den Türmen fertiggestellt waren, gelangte das schwere Gerät an seinen heutigen Standort nördlich der Aufzugsluke.

Alle Seilwinden konnten mit Hilfe entsprechend großer Kurbeln von Hand bedient werden. Die Übertragung der verschieden großen Zahnräder machte dies möglich. Allerdings nahm diese Handarbeit viel Arbeitskraft und viel Zeit in Anspruch.

Ab dem 4. Oktober 1869 wurde der Transport des benötigten Baumaterials daher mit Hilfe der Dampfkraft bewältigt. Dies war für Köln zwar keine Sensation mehr, aber für den Dombau ungewöhnlich genug, um

Abb. 62   *Abb. 63*

Aufsehen zu erregen. Das Kesselhaus wurde auf der Nordseite des Domes errichtet, die eigentliche Maschine stand im zweiten Obergeschoß des nördlichen Turmes. Ein Dampfrohr von 70 m Länge, das von einem Sprechrohr für die Verständigung begleitet war, stellte die Verbindung zu den beiden Zylindern der Zwillingsmaschine im Turm dar.

Ende 1883 wurde die Dampfmaschine abgebaut und einige Monate später an die Zeche ›Vereinigte Trappe‹ in Haßlinghausen verkauft.

Abb. 62

Abb. 62

Kabelwinde zur Aufrichtung des Vierungsturmes, heute in der Dachwerkstatt zwischen den Türmen.

Abb. 63

Abb. 63

Dombaustelle an der
Nordquerhausfassade mit
einem Versetzwagen auf
dem Gerüst, aquarellierte
Bleistiftzeichnung
von J. A. Ramboux,
Februar 1844.

Modellkammer

Im 1873 fertiggestellten zweiten Obergeschoß des Nordturmes vollzieht sich der elegant gelöste Übergang vom quadratischen Grundriß der unteren zum Polygon der oberen Turmgeschosse, eine mittelalterliche Bauidee, die im Ansatz bereits am südlichen Domturm vorgefunden wurde. Über dem Geviert der schmucklosen Sockelwände erhebt sich hier einer der schönsten neugotischen Zentralräume in Deutschland *Abb. 64.*

In dieser Turmhalle ist heute ein Depotraum eingerichtet, der aufgrund der vielen hier aufbewahrten Modelle des 19. und 20. Jahrhunderts im allgemeinen als Modellkammer bezeichnet wird *Abb. 65 und 66.* In den dreigeschossigen Vitrinenbauten aus dem Jahre 1988 werden Tausende von Objekten aufbewahrt, die in irgendeiner Weise mit dem Dom und seiner Geschichte in Verbindung stehen.

Die weit mehr als 1.000 Gipsmodelle von den zahllosen Sitzfiguren und Statuen des 19. Jahrhunderts an den Wänden, Pfeilern und Portalen des Domes vermitteln einen Eindruck vom außergewöhnlichen Skulpturenreichtum in den verschiedenen Bereichen der Architektur.

Da der Dombau im Mittelalter unvollendet blieb, beschränkte sich die figürliche Ausstattung auf die zu dieser Zeit vollendeten Bauteile. So zieren seit 1270/80 überlebensgroße Statuen der 12 Apostel sowie Jesu und Mariens die Pfeiler des Binnenchores. Das einzige im Mittelalter fertiggestellte Portal, das Petersportal im südlichen Turm, wurde mit großen Standfiguren von fünf Aposteln in den Gewänden sowie mit 34 kleinen Sitzfiguren von Heiligen, Engeln und Propheten in den Archivolten und einem mehrzonigen Tympanon ausgestattet.

Für die je drei Portalanlagen der nördlichen und südlichen Querhausfassaden sowie für das nördliche Seitenportal und das Hauptportal der Westfassade mußten im 19. Jahrhundert zunächst entsprechende Skulpturenprogramme und schließlich Hunderte von einzelnen Figuren entworfen werden. Zur Begutachtung durch das Metropolitankapitel hatten die am Dom tätigen Bildhauer kleine, maßstabgetreue Gipsmodelle anzufertigen. Jene originalen Künstlermodelle sind zu einem Großteil erhalten geblieben und machen es möglich, daß verlorene Teile oder fehlende Figuren heute noch nach dem Originalentwurf ergänzt oder vollkommen neu geschaffen werden können.

Die Modelle der Portalfiguren für die Südquerhausfassade wurden zwischen 1850 und 1869 von Christian Mohr nach Entwurfszeichnungen des in München ansässigen Bildhauers Ludwig Schwanthaler geschaffen. Die Archivolten- und Gewändefiguren an den Portalen von Nordquerhaus- und Westfassade sowie die Statuen in den Tabernakeln der Türme und an den Pfeilern in Lang- und Querhaus stammen hingegen überwiegend aus dem Atelier des Kölner Bildhauers Peter Fuchs, der zwischen 1869 und 1884 insgesamt über 700 Figuren für den Dom schuf *Abb. 67.*

Neben diesen Gipsmodellen des 19. Jahrhunderts bewahrt die Modellkammer auch einige farbig gefaßte

Abb. 64 *Abb. 65* *Abb. 66* *Abb. 67*

Abgüsse mittelalterlicher Skulpturen der Domausstattung, originalgroße Modelle moderner Wasserspeier der 50er und 60er Jahre aus Hartschaumstoff und Gips sowie ferner eine Vielzahl von Modellen für die einzelnen Reliefs der historistischen Bronzeportale des Domes auf. An der Nordwand der Turmhalle steht einer der kleineren Barockaltäre aus dem Binnenchor des Domes, der im Rahmen der Regotisierung des Dominnenraumes 1889 entfernt und ebenso wie der prachtvolle barocke Hochaltaraufsatz ins Depot verbracht wurde. Teile eines Modells der Domumgebung im Zustand um die Jahrhundertwende zeigen neben dem 1892–1894 errichteten, ehemaligen Empfangsgebäude des Kölner Hauptbahnhofes eine historische Häuserzeile am Domhof.

Zu den in der Modellkammer aufbewahrten mittelalterlichen Beständen gehören verschiedene Architekturfragmente der durchbrochenen Maßwerkschranken, die in leuchtend bunten Farben gefaßten Skulpturenfragmente der beiden ehemaligen Chorschrankenportale, Teile des reich geschmückten Baldachins der Mailänder Madonna vom mittelalterlichen Altar der Marienkapelle und Architekturfragmente des ehemaligen Sakramentshauses im Presbyterium des Binnenchores, das nach 1508 von Franz Maidburg geschaffen und im Rahmen der barocken Neugestaltung des Chores 1768 abgebrochen und zerschlagen wurde.

Seit 1989 werden auch die 34 zwischen 1375 und 1395 entstandenen Archivolten- und fünf Gewändefiguren des Petersportales in der Modellkammer aufbewahrt, nachdem sie bereits zwischen 1971 und 1980 aus dem Portal entfernt, restauriert und durch Kopien in Steinguß ersetzt worden waren. Ihre detailgetreue und qualitätvolle Ausarbeitung tritt aus der Nähe betrachtet besonders deutlich zutage *Abb. 68.*

Für eine Nutzung als Lagerhalle besitzt dieser Turmraum einen überraschend kostbaren Fußboden, der aus den 80er Jahren des 19. Jahrhunderts stammt und offenbar nach Entwürfen Richard Voigtels an prominenter Stelle, nämlich bei Villeroy & Boch in Mettlach an der Saar hergestellt wurde *Abb. 69.* Das geräumige Mittelfeld wird aus leicht reliefierten Fliesen gebildet, deren dunkles Ornament plastisch auf den blaßgelben Grund gelegt ist. Bei Villeroy & Boch wurde auch das aus 6 bis 8 Millionen Mosaikstiften bestehende, prachtvolle Fußbodenmosaik in Chorumgang und Binnenchor in Auftrag gegeben. Ursprünglich waren die verschiedenen Turmhallen des Domes öffentlich zugänglich.

Heute erhebt sich in der Mitte der Modellkammer eine besondere Aufzugskonstruktion der schwedischen Firma Alimak, deren Fahrkabine so beschaffen ist, daß sie über eine Distanz von insgesamt 55 m durch den offenen Schlußsteinring des Gewölbes, durch die nächstfolgende Turmhalle und deren Gewölbe hindurch bis in den Turmhelm hinauffahren kann. Mit diesem bereits 1991 eingebauten Aufzug erreichen die Handwerker der Hütte die beiden 100-Meter-Gerüste am Nordturm.

Abb. 68

Abb. 69

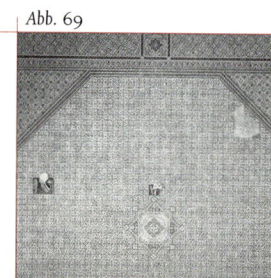

Abb. 64

Blick in das Gewölbe der 1873 vollendeten Turmhalle im zweiten Obergeschoß des nördlichen Domturmes, heute Modellkammer.

Abb. 64

Abb. 65   *Abb. 66*

Abb. 67   *Abb. 68*

Abb. 65	Abb. 66	Abb. 67	Abb. 68
Dreigeschossige Vitrinen-aufbauten aus dem Jahr 1988 in der Modell-kammer.	Aufbewahrung der Gips-modelle vor Neueinrich-tung der Modellkammer.	Gipsmodell für die Archivoltenfigur der merowingischen Königin Chlotilde, Peter Fuchs 1873.	Glockenschwingender Engel vom Petersportal, um 1390.

Abb. 69

Abb. 69

Fliesenboden der Modell-
kammer, ausgeführt von
der Mettlacher Keramik-
firma Villeroy & Boch,
1887/88.

Glockenstuhl

Im zweiten Obergeschoß des südlichen Domturmes erhebt sich der eiserne Glockenstuhl von 1877/78 mit der ersten von den ›Herforder Elektricitäts-Werken Bokelmann & Kuhlo‹ gestifteten elektrischen Läutemaschine aus dem Jahre 1909.

Die mittelalterliche Bautätigkeit erreichte hier um 1410 die Höhe des Fensterbankansatzes. So deutlich wie an kaum einer anderen Stelle des Domes ist in dieser Turmhalle daher auch jene Baunaht sichtbar, an der mittelalterliche Steinblöcke aus Drachenfelstrachyt auf Staudernheimer Nahesandstein des 19. Jahrhunderts treffen *Abb. 70.*

Bis 1868 befand sich genau in dieser Höhe als Abschluß des Südturmes die gewaltige schiefergedeckte Holzkonstruktion des mittelalterlichen Baukranes *Abb. 71.* Dieser war offenbar bald nach Baubeginn des Turmes um 1360 entstanden, um dann mit dem Fortbau stetig in die Höhe zu wachsen. Der aus drei schweren Eichenbalken gezimmerte, schwenkbare Ausleger überragte die eigentliche Turmhaube um 7,20 m. Seine Ausladung aus der Mittelachse betrug stolze 10,55 m.

Nachdem 1842 noch der erste Stein des Weiterbaus mit dem instandgesetzten alten Kran in die Höhe gezogen worden war, begann im Februar 1868, sehr zum Leidwesen vieler Kölner Bürger, der allmähliche Abbau des 500 Jahre alten Kranes, der nun dem Weiterbau des Domes geopfert werden mußte, als dessen Hoffnungsträger er lange Zeit symbolhaft gestanden hatte.

Die mächtigen Eichenbalken wurden sogleich weiterverarbeitet, zu Figuren und Konsolen, zu Souvenirs nach Wunsch für besonders verdiente Spender, aber auch zu Möbeln, darunter – so wird berichtet – zwei Prunksessel für den Senatssaal des Kölner Rathauses. Aus Teilen des Holzes, das allerdings vom 1842 erneuerten ›Schnabel‹ stammte, entstanden schließlich auch kleine, ca. 27 cm hohe Modelle des Domkranes *Abb. 72,* von denen sich eines im Kölnischen Stadtmuseum erhalten hat. Vom mittelalterlichen Kran selbst ist nur noch der eiserne Drehkranz vorhanden *Abb. 73.*

Der im Mauerwerk verankerte und zusätzlich auf massiven Steinpfeilern ruhende eiserne Glockenstuhl im zweiten Obergeschoß des Südturmes wurde 1877/78 von der Kölnischen Maschinenbau AG in Bayenthal errichtet. Er nimmt jene 8 Glocken auf, die das heute weithin berühmte und über Jahrhunderte gewachsene Geläut des Kölner Domes bilden *Abb. 74.*

Die prominenteste und zugleich raumgreifendste der Glocken ist die St. Peters-Glocke, die den meisten Besuchern inzwischen besser unter ihrer volkstümlichen Bezeichnung ›decke Pitter‹ bekannt ist. Die 24 t schwere, 1923 von Heinrich Ulrich im thüringischen Apolda gegossene Großglocke, gilt allgemein als die größte freischwingende Glocke der Welt.

Abb. 70   Abb. 71   Abb. 72   Abb. 73   Abb. 74

Noch aus dem mittelalterlichen Geläut stammen die 1448 gegossene, ca. 10,5 t schwere Pretiosa und ihre nur ein Jahr später entstandene, mit 5,6 t ein wenig kleinere Schwester Speciosa. Zu diesem Geläut gehört eigentlich auch die Dreikönigenglocke von 1418, die bereits 1693 und 1862 nachgegossen wurde und heute nur in einem Nachguß von 1880 erhalten ist. Alle mittelalterlichen Großglocken des Domes wurden offenbar, wie die Ergebnisse der Domgrabung zeigen, vor Ort, d. h. auf dem Gelände der Dombaustelle selbst, gegossen.

Bis zum Neubau des eisernen Glockenstuhls hingen die Glocken des Domes in einem 17 m hohen, wohl um 1437 errichteten Holzglockenstuhl, der die Turmhalle im ersten Obergeschoß zur Hälfte einnahm.

Bereits 1862 wurde das mittelalterliche Domgeläut durch die Ursulaglocke ergänzt. 1911 kamen Kapitelsglocke und Aveglocke hinzu und erst 1990 folgte, als Stiftung der Bürgergesellschaft Köln von 1863, die Josefsglocke, die allerdings 1998 neu gegossen werden mußte.

Abb. 70

Abb. 70

Baunaht im zweiten Obergeschoß des Südturmes. Unten mittelalterliche Steinblöcke aus Drachenfelstrachyt, darüber der Obernkirchener Sandstein des 19. Jahrhunderts.

Abb. 71

Abb. 71

Mittelalterlicher Baukran
auf dem Südturm, Foto
von Theodor Creifelds
vom 29. Februar 1868.

Abb. 74

Abb. 72

Abb. 73

Abb. 72	Abb. 73		Abb. 74
Modell des mittelalter-lichen Baukranes, nach 1868.	Aus Schmiedeeisen gefertigter Drehkranz des mittelalterlichen Baukrans (Länge 1,73 m, Gewicht ca. 215 kg).		Blick in die Eisenkonstruk-tion des Glockenstuhles von 1877/78 im zweiten Obergeschoß des Südtur-mes. In der Mitte die 1923 gegossene St. Peters-Glocke (24 t).

Uhrenboden

Zu den im Mittelalter noch fertiggestellten Innenräumen des Domes zählt auch die Halle im ersten Obergeschoß des südlichen Domturmes *Abb.75.* Ihre sorgfältige architektonische Ausstattung mit umlaufender Sockelbank und von überreichen Profilen gesäumten Maßwerkfenstern zeugt von dem Vorhaben, diesen Raum im Mittelalter liturgisch zu nutzen. Das Gewölbe und der zentrale Pfeiler wurden allerdings erst im 19. Jahrhundert eingezogen, denn ursprünglich schloß der Raum mit der massiven Holzkonstruktion des mittelalterlichen Baukranes ab.

Heute dient die Turmhalle, deren gesamte Südhälfte im Mittelalter durch den hölzernen Glockenstuhl eingenommen wurde, als Depotraum. An seiner westlichen Wand erhebt sich die prachtvolle barocke Rückfront des Dreikönigenmausoleums, das nach 1668 um den Dreikönigenschrein in der Achskapelle errichtet worden war und 1889 der allgemeinen Regotisierung des Dominnenraumes weichen mußte. Die ebenfalls erhaltene Vorderseite des Mausoleums dient heute als kostbarer Rahmen der im nördlichen Querhaus aufgestellten Schmuckmadonna.

Unter den in dieser Turmhalle deponierten Kunstwerken befinden sich auch fünf mittelalterliche Wasserspeier, die noch aus der ersten Bauzeit des Chores stammen und zu den ältesten Werken der Bauplastik am Dom gehören *Abb.76.*

Ihre heutige Bezeichnung als Uhrenboden verdankt die Turmhalle dem 1878 durch die renommierte Münchener Turmuhrenfabrik Johann Mannhardt errichteten und 1880 in Betrieb genommenen großen Uhrwerk *Abb.77.* Mit dessen Räderwerk werden über Stahlseile mit Gewichten zwei der kleinen Glocken im Glockenstuhl des darüberliegenden Turmgeschosses durch Hämmerchen angeschlagen, um sowohl die Stundenzahl als auch die Viertelstunden zu verkünden. Nach unten ist das Uhrwerk mit zwei kleinen Schlagglocken und dem Zifferblatt im Maßwerk der Südturmhalle verbunden.

Erst 1989 wurde die Domuhr nebst zugehörigem Zifferblatt und Schlagwerk durch die Königliche Turmuhrenfabrik Eijsbouts in Asten/NL restauriert. Das im Original erhaltene Eichenholzgehäuse des Uhrwerks, dessen Erscheinungsbild den hier ebenfalls deponierten Beichtstühlen nicht unähnlich ist, wurde vom Dombaubüro entworfen und durch den Bildhauer Richard Moest ausgeführt. Noch heute muß das mechanische Uhrwerk Tag für Tag von Hand aufgezogen werden.

Im ersten Obergeschoß des nördlichen Domturmes war bis 1930 die berühmte Dombibliothek mit ihren mittelalterlichen Handschriften untergebracht, ehe sie in die Diözesanbibliothek integriert wurde. Sie war, ebenso wie die darüber liegende Modellkammer, öffentlich zugänglich und konnte zu festgesetzten Zeiten benutzt werden.

Abb. 75   *Abb. 76*   *Abb. 77*   *Abb. 75*

Fenster- und Gewölbezone der mittelalterlichen Turmhalle im ersten Obergeschoß des Südturmes, heutiger Uhrenboden.

Abb. 75

79

Abb. 76

Abb. 77

Abb. 76

Fünf mittelalterliche
Wasserspeier aus der
ersten Bauzeit des Chores,
um 1265.

Abb. 77

Uhrwerk der Domuhr,
1878 von der Münchener
Turmuhrenfabrik Johann
Mannhardt errichtet und
1880 am Dom in Betrieb
genommen.

Dombauverein und Dombaulotterie

Als der preußische König Friedrich Wilhelm IV. am 4. September 1842 den Grundstein zur Vollendung des Kölner Domes legte, wurde ein Bauvorhaben von gewaltigen Ausmaßen in die Tat umgesetzt, dessen Finanzierung kaum zu überblicken war und daher auch für die Dauer der Bauzeit keineswegs als gesichert gelten konnte. Die Geldgeber dieses längst zur nationalen Aufgabe erhobenen Projektes waren in erster Linie der preußische Staat und die Kölner Bürger.

Um den Weiterbau des Domes in einem vertretbaren zeitlichen Rahmen auch zur Vollendung bringen zu können, hatte Zwirner bereits längere Zeit vor Beginn der eigentlichen Bauarbeiten einen Betrag von mindestens 100.000 Talern pro Jahr für notwendig befunden. Der König war bereit, die Hälfte dieser Kosten zu tragen. Mit der schon seit 1826 bei Trauungen, Taufen und Beerdigungen erhobenen Kathedralsteuer und mit der jährlichen Dombaukollekte in allen Kirchen der Erzdiözese konnten die zweiten 50.000 Taler allerdings nicht aufgebracht werden.

Daher wandten sich am 3. September 1841 etwa 200 angesehene Kölner Bürger mit der Bitte an den König, ihnen die Genehmigung zur Gründung eines Dombau-Vereins zu erteilen. Nicht ganz ein halbes Jahr später fanden sich bereits über 3.000 Vereinsmitglieder zur ersten Generalversammlung im Kölner Gürzenich ein. Das Protektorat über den Verein wurde Friedrich Wilhelm IV. übertragen.

Schnell bildeten sich in ganz Deutschland und auch im Ausland zahlreiche Hilfsvereine, deren Zahl bei der Grundsteinlegung bereits 70 erreicht hatte und sich in den folgenden Jahren auf 140 verdoppeln sollte. Für den Kölner Gründungsverein wurde daher der heute noch gebräuchliche Name ›Zentral-Dombau-Verein‹ eingeführt.

Die Anzahl der Mitglieder stieg schon bald auf über 10.000. Gelder kamen nicht nur aus Paris und Rom, sondern auch aus Mexiko, wo sich bereits am 4. Dezember 1842, also genau drei Monate nach der Grundsteinlegung, ebenfalls ein Dombau-Verein gegründet hatte.

Die nach anfänglicher Euphorie sicher auch aufgrund der politischen Situation schon bald nachlassende Spendenbereitschaft und die daraus resultierenden Mindereinnahmen des Vereins sollten schließlich durch die Gründung einer Dombaulotterie ausgeglichen werden *Abb. 78*. Die Genehmigung für eine solche Lotterie zugunsten des Dombaus erteilte Wilhelm I. am 26. März 1864 per Kabinettsorder. Um ihren Glücksspielcharakter zu verdecken wurde sie zunächst vorsichtshalber als ›Prämien-Collecte‹ bezeichnet.

500.000 Lose, das Stück zu einem Taler (140 Euro), wurden in ganz Deutschland vertrieben *Abb. 79*. Ein jedes von ihnen sollte – so sahen es die preußischen Behörden vor – vom Rendanten des Vereins, Jakob Nelles, eigenhändig unterschrieben sein, ein Unterfangen, das in dieser Form nicht zu bewältigen war und letzt-

Abb. 78

Abb. 79

lich die Einstellung von zwei Hilfsrendanten erforderlich machte. Neben nicht unerheblichen Geldgewinnen – der Hauptpreis der ersten Ziehung lag bei 100.000 Talern (14 Millionen Euro!) – wurden auch Werke zeitgenössischer Künstler verlost, die im Sinne einer Förderungsmaßnahme eigens aus einer Ausstellung im Städtischen Museum angekauft werden mußten.

Die Ermittlung der Gewinner gestaltete sich offenbar stets als würdevoller Akt. Die erste Ziehung erfolgte am 4. September 1865 aus einer um 1750 entstandenen barocken Lostrommel, die heute im Kölnischen Stadtmuseum aufbewahrt wird. Doch erst die 19. Ziehung vom 7. Januar 1884 im Isabellensaal des Kölner Gürzenich wurde im Foto festgehalten *Abb. 80*. Vor den Augen einer hochrangigen Kommission, der neben dem Königlichen Justizrat Heinrich Winkens und zwei weiteren Notaren auch Dombaumeister Richard Voigtel und Konsul Oswald Schmitz, der damalige Präsident des Zentral-Dombau-Vereins, angehörten, wurden Losnummer und Gewinn separat gezogen. Gewissermaßen als Glücksfeen dienten zwei Kölner Waisenknaben, von denen einer mit verbundenen Augen aus einer großen eisernen Lostrommel das Los mit der Gewinnummer zog, während der andere zeitgleich aus einer kleineren Trommel den auf dieses Los entfallenden Gewinn ermittelte. Je zwei Steinmetzen der Dombauhütte setzten die Lostrommeln nach jeder Ziehung wieder in Bewegung. Beide Lotteriemaschinen sind heute im zweiten Obergeschoß des Südturmes unterhalb des Glockenstuhles zu bewundern *Abb. 81*.

Von den insgesamt 6,6 Millionen Talern (ca. 1 Milliarde Euro), die zwischen 1842 und 1880 für die Vollendung des Kölner Domes aufgebracht werden mußten, trug der Verein zwei Drittel, was ihm letztendlich erst durch die Erträge der Dombaulotterie möglich war. Auch heute noch ist der von Präsident Michael Hoffmann geführte Verein mit bis zu 60 % an den Kosten der Domerhaltung beteiligt.

Abb. 80

Abb. 81

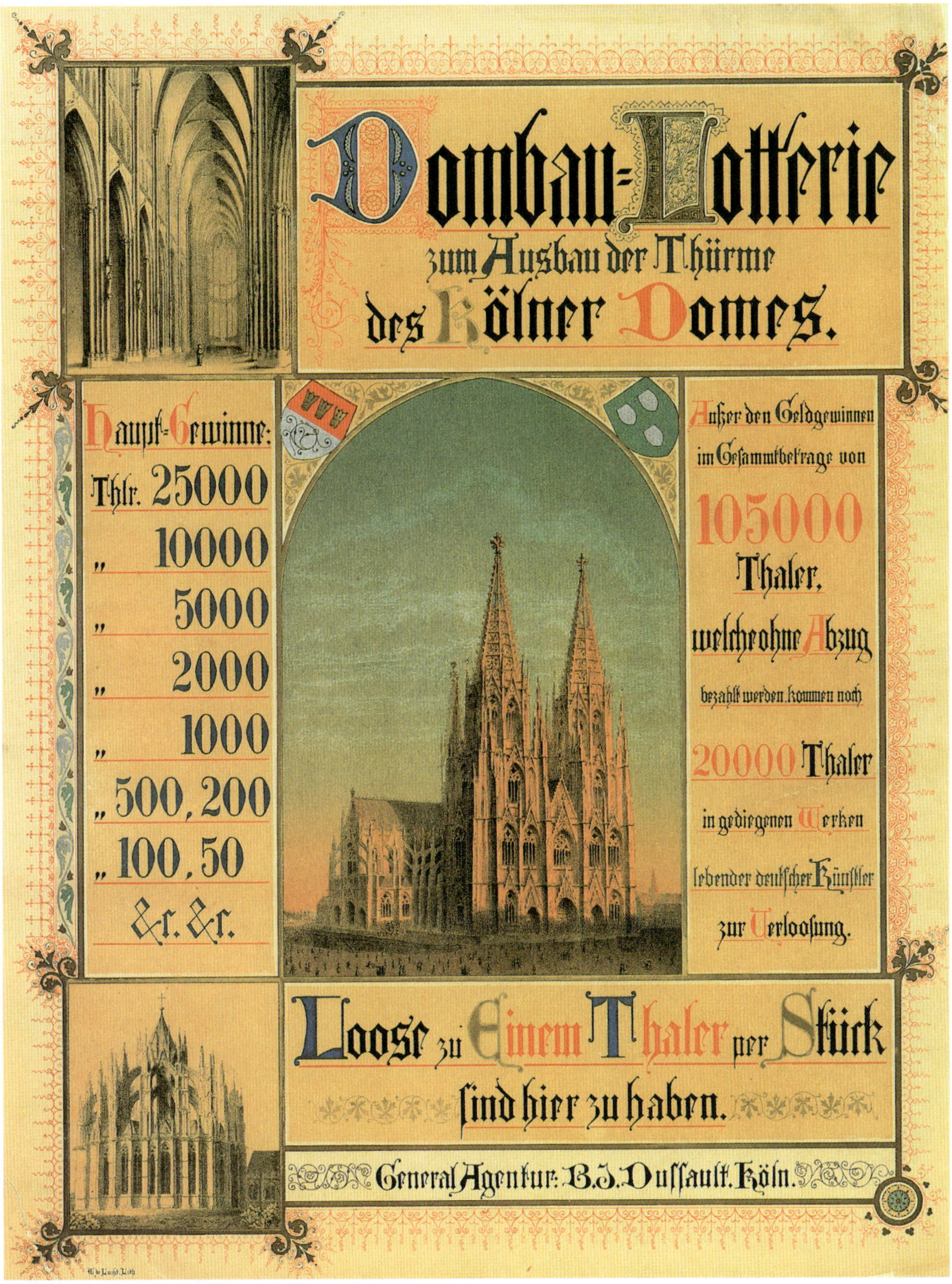

Abb. 78

Abb. 78

Werbeplakat für die
Dombau-Lotterie 1867.

Abb. 79

Abb. 80

84

Abb. 81

85

Abb. 81

Lostrommel der
Dombaulotterie des
19. Jahrhunderts.

Literatur

Robert Boecker,
Die Millionensammler.
Die Geschichte vom Zentral-Dom-
bau-Verein, in: Gottes Gotisches Haus
am Rhein. 750 Jahre Kölner Dom.
Ein Lesebuch, Köln 1998, S. 54–59.

Frank Bungartz,
Die Flechten des Kölner Doms,
in: Rheinische Heimatpflege 36,
1999, S. 14–25.

Claus Doering,
Die Wanderfalken am Kölner Dom,
in: Kölner Domblatt 49, 1984,
S. 199–200.

Kölner Dom CD-ROM,
Köln 1998.

Der Kölner Dom im
Jahrhundert seiner Vollendung.
Köln, Kunsthalle, Ausstellungskatalog,
hrsg. von Hugo Borger,
2 Bde, Köln 1980.

Das Kölner Dom Lese- und Bilder-
buch, Köln ²1990.

Der Kölner Dom. Vermessungspunkt der Landesaufnahme seit 1803.
Eine Dokumentation des Landes-
vermessungsamtes Nordrhein-
Westfalen, Bonn 1989.

Kölner Domblatt.
Jahrbuch des Zentral-Dombau-
Vereins, 1948ff.

Rolf Lauer,
Dom-Adler, in: Lust und Verlust.
Kölner Sammler zwischen Trikolore
und Preußenadler. Köln, Kunsthalle,
Ausstellungskatalog, hrsg. von Hiltrud
Kier und Frank Günter Zehnder,
Köln 1995, S. 507.

Hans-Georg Lippert,
Eintracht und Ausdauer? Dombauverwaltung und Dombauhütte
zwischen 1884 und 1904,
in: Kölner Domblatt 59, 1994,
S. 308–317.

Hans-Georg Lippert,
Systeme zur Dachentwässerung
bei gotischen Kirchenbauten,
in: Architectura, 1994, S. 111–128.

Jost Rebentisch,
Die Domuhr, in: Wie die Zeit
vergeht. Köln, Kölnisches
Stadtmuseum, Ausstellungskatalog,
hrsg. von Werner Schäfke,
Köln 1999, S. 46.

Thomas Schumacher,
Großbaustelle Kölner Dom.
Technik des 19. Jahrhunderts bei
der Vollendung einer gotischen
Kathedrale, Köln 1993 (Studien zum
Kölner Dom 4).

Martin Seidler,
Der Glockenstuhl des Kölner Doms,
in: Kölner Technische Mitteilungen 96,
Heft 6, 1981, S. 2–3.

Martin Seidler,
Die Kölner Domglocken,
Compactdisc mit Begleitheft,
Köln ³1992.

Arnold Wolff,
150 Jahre Zentral-Dombau-Verein
zu Köln, in: Kölner Domblatt 57,
1992, S. 9–48.

Arnold Wolff,
Bleidächer am Kölner Dom,
in: Der Dachdeckermeister,
43, Heft 8, 1990, S. 6–13.

Arnold Wolff,
Dombau in Köln. Photographen
dokumentieren die Vollendung
einer Kathedrale,
Stuttgart 1980.

Arnold Wolff,
Der Dom zu Köln. Seine
Geschichte – seine Kunstwerke,
Köln 1995.

Arnold Wolff,
Das stählerne Geheimnis des
Kölner Domes, in: Baukultur 5,
1984, S. 37–40.

Arnold Wolff,
Stein, Blei und Eisen. Über die
Technik des Vergießens mit Blei im
Mittelalter und in der Denkmal-
pflegerischen Praxis,
in: Kölner Domblatt 53, 1988,
S. 65–74.

Bildnachweis

Köln, Dombauarchiv:
Abb. S. 4; Abb. 4–5, 17, 28, 38,
43, 47, 51, 56, 71, 78–80.

Köln, Dombauarchiv *W. Kralisch:*
Abb. 35, 65, 69.

Köln, Dombauarchiv *H.-G. Lippert:*
Abb. 57.

Köln, Dombauarchiv *Matz und Schenk:*
Umschlag vorne, Umschlag hinten;
Abb. S. 2; Abb. 1, 6, 9, 16,
26–27, 29, 32–34, 39–40,
44–46, 48, 50, 52, 60–62, 64,
67–68, 70, 74–76, 81.

Köln, Dombauarchiv *Th. Schumacher:*
Abb. 41, 49, 53.

Köln, Dombauarchiv *M. Steinmann:*
Abb. 3, 13, 15, 18, 21.

Köln, Dombauarchiv *A. Wolff:*
Abb. 8, 10–12, 14, 19–20,
22–24, 30–31, 42, 54–55, 58–59,
66, 72–73, 77.

Köln, Rheinisches Bildarchiv:
Abb. 2, 36–37, 63.

Köln, H. Thiel:
Abb. 25.

Königswinter, Siebengebirgsmuseum:
Abb. 7 (überarbeitet von A. Windscheid).

Impressum

Bibliographische Information der Deutschen Bibliothek

Die Deutsche Bibliothek verzeichnet diese Publikation in der Deutschen Nationalbibliographie; detaillierte bibliographische Daten sind im Internet über http://dnb.ddb.de abrufbar.

Redaktion
Birgit Lambert

Gestaltung
Lambert und Lambert, Düsseldorf

Druck
A. Hellendoorn KG, Bad Bentheim

© 2000 Verlag Kölner Dom
Roncalliplatz 2, 50667 Köln
info@verlag-koelner-dom.de
www.verlag-koelner-dom.de

2. überarbeitete Auflage 2005
Printed in Germany
ISBN 3-922442-36-6